IL S'APPELLE JÉSUS

© Groupe Fleurus-Mame, Paris, 1998
pour l'ensemble de l'ouvrage.
Tous droits réservés pour tous pays.

© A. E. L. F.
pour les textes liturgiques.

Ce document est conforme aux normes fixées
par la Conférence épiscopale française
et approuvées par le Saint Siège (« texte de référence »).

Nihil obstat,
Gilles Chaillot, censeur délégué.

Imprimatur,
en la fête du Jeudi saint,
Chambéry, le 9 avril 1998.

Mgr Claude Feidt, Archevêque de Chambéry,
Évêque de Maurienne et de Tarentaise.

IL S'APPELLE JÉSUS

LA DIFFUSION CATÉCHISTIQUE - LYON
ÉDITIONS TARDY

Auteurs

LA DIFFUSION CATÉCHISTIQUE - LYON

Denise BAUDRAN

Marie-Claire BOÎTEUX

Jacques BONNECHOSE

Catherine CHION

Marie-Thérèse CHRÉTIEN

Jeanne-Marie CHRONÉ

Monique GAGET

Bernard GONNET

Michel MALCOUR

Éveline PARADISI

Paule REBREYEND

Pierre TREVET

Avec la collaboration de :

Nicole GINON

Philippe PARAZON

Maurice QUÉRÉ

Ça y est ! Voilà le collège !

Ton cartable est plein de livres nouveaux. Tu découvres de nouvelles têtes, des professeurs nombreux. Tu retrouves des copains, tu vas t'en faire de nouveaux.

Je ne sais pas si tu es un petit brun rieur ou une blonde rigolote, une rousse avec de délicieuses taches sur les joues, ou un solide gaillard musclé. Tu es unique bien sûr, mais tu partages avec les jeunes de ton âge la même envie de vivre, de rire, de poser des questions et d'apprendre sur toi, les autres, le monde. C'est pourquoi, seul ou avec d'autres, tu peux te lancer dans l'aventure de la rencontre des autres et de Jésus Christ.

Cette aventure, ce sera toute une histoire. Elle fera partie de ton histoire. Tu vas la vivre en découvrant au fil des pages des témoignages, des récits, des images, des dessins, des questions. Parfois tu reconnaîtras des questions familières. Parfois aussi tu seras dérangé dans ce que tu penses, mais quel plaisir de découvrir...

Ceux qui ont écrit ce livre n'ont pas seulement envie que tu apprennes des choses. Ils veulent aussi te donner le goût de la découverte, de la rencontre ; découverte du monde, des hommes et des femmes qui l'habitent.

Ils veulent surtout que tu rencontres quelqu'un. Il s'appelle Jésus. Le connaître, vivre avec lui, ça vaut le coup, alors vas-y !

SOMMAIRE

Escale 1	Tant de choses à connaître	9
Escale 2	Que cherchez-vous ?	31
Escale 3	Connais-tu la nouvelle ?	57
Escale 4	Jésus de Nazareth	79
Escale 5	La parole qui donne vie	107
Escale 6	Le Sauveur du monde	131
Escale 7	Viens et suis-moi	161
Escale 8	Tu crois ?	185
Tables		207

1

Tant de choses à connaître

« Au milieu de vous se tient celui

Le saut dans l'inconnu.

Le jour de la rentrée !
Étais-tu enthousiaste, curieux, inquiet,
excité à l'idée de découvrir un nouveau monde ?
Sans doute un peu tout cela à la fois !
Tu avais déjà récolté quelques renseignements
sur les cours, les professeurs, si nombreux
cette année, les salles de classe ou la cantine...
Tu avais peut-être même visité le collège.
Mais finalement, quand le réveil a sonné

que vous ne connaissez pas. » JEAN 1, 26

ce matin-là, tu ne savais pas très bien
ce qui t'attendait. À la porte du collège,
devant toutes ces têtes nouvelles, tu as pris
ton courage à deux mains et tu t'es lancé.
C'est dans une autre aventure que je t'invite
à te lancer aujourd'hui : la découverte de soi,
des autres, du monde et de Dieu.
D'autres avant toi se sont engagés sur ce chemin.
Ensemble, embarquons-nous et

rompons les amarres !

L'HOMME QUI CROYAIT TOUT

CONNAÎTRE

Un homme se dit un jour :
« Je veux tout connaître
et, s'il le faut,
je ferai le tour du monde. »
Aussitôt dit, aussitôt fait,
il se mit à parcourir le monde.

Des plus grands professeurs
il apprit la géographie,
l'histoire et toutes les sciences ;
il découvrit la technique,
prit goût aux mathématiques,
se passionna pour l'informatique.
Il enregistra sur cassette
tout ce qu'il avait appris et découvert.
Il revint chez lui satisfait et heureux.
Il se dit : « Maintenant, je connais tout. »

Quelques jours après, il alla voir
un grand sage très réputé,
pour comparer son savoir
à celui de ce dernier.
Ils tirèrent au sort
pour savoir lequel des deux
poserait la première question.
Le sort désigna le sage réputé.
Il lui demanda :
« Que sais-tu de l'amitié ? »

L'homme est reparti,
sans dire un mot.
Il parcourt encore le monde.

SOMMAIRE

Dossier

Se connaître soi	14
Connaître les autres	16
Connaître le monde	18
Connaître Dieu	22
BD : Dieu se révèle à Élie	24
Impression, soleil levant	25

Évangile

« Au milieu de vous »	26

Prière

Rencontrer Dieu, le connaître, lui parler	28

Se connaître soi

> **Susie Morgenstern**
> **La sixième**
> Neuf de l'école des loisirs

> « Elle aimait bien l'enchaînement que la prof élaborait avec elles à chaque cours. La danse jazz lui plaisait énormément. Mais aujourd'hui ses jambes étaient de plomb, ses bras de ploc et son corps de plouf. Ses pieds ne voulaient pas imiter la démonstration, sa tête les entraînait ailleurs. Et c'est à ce moment précis que la prof la désigna pour exécuter l'enchaînement du début à la fin devant la classe. Elle ne se souvenait pas du début, se perdit au milieu et n'arriva pas à la fin ! »

Extrait de *La Sixième*
de Suzie Morgenstern

Gaie

Triste

Passionné

« Il y a des jours, tout va bien, je me trouve plutôt jolie ; d'autres jours, ça ne va pas du tout, je suis affreuse ! »

« Ce n'est pas parce que j'aime jouer avec mes copains que les adultes ne doivent pas m'écouter. »

" Grandir... Moi non plus, je ne veux pas grandir. Grandir, c'est prendre ses responsabilités et je ne m'en sens pas capable ! Je suis curieuse de voir l'avenir, mais j'ai aussi envie de faire de gros câlins à ma maman. De toute façon, on n'a pas le choix, qu'on le prenne d'une manière ou d'une autre : grandir, c'est vivre ! "

Agathe, 13 ans

être fille, être garçon

L'Homme est homme et femme : cela indique une différence physique, la différence des sexes. Mais ce n'est pas la seule différence. Les garçons ne réagissent pas comme les filles, et réciproquement. Les qualités ne sont pas dosées de la même manière. Il y a des nuances, mais si on exagère les nuances, cela devient une caricature. Ainsi, par exemple, on répète depuis des siècles : « Les hommes sont plus logiques et les femmes plus intuitives. » C'est à voir. Il vaut sans doute mieux dire qu'il y a une manière féminine et une manière masculine d'être logique et d'avoir de l'intuition.

Fatigué

Détendue

Seule

Étonné

« Qui est Dieu ? Qu'a-t-il à voir avec ma vie ? Je sais si peu de choses sur lui ! »

« Je ne pourrais pas vivre sans mes amies, mais parfois, je ne peux plus les supporter. »

Une aventure extraordinaire à bord du « Fleur de Lampaul »

Partager la vie quotidienne des Indiens Wayana en Amazonie,

Étudier les coraux des Bahamas avec pour compagnons des dauphins et des cachalots...

C'est l'aventure qu'ont vécue Delphine (12 ans), Edward (13 ans), Anne-Claire (14 ans), Jérôme (14 ans), Philippe (14 ans), Ian (14 ans), Sophie (15 ans), Gaël (15 ans), et cinq adultes. Voici quelques échos...

Connaître les autres

❝ La première fois que je suis allé dans la forêt... Les arbres immenses, le cri des oiseaux m'impressionnaient... Aussaukili, mon père wayana, m'apprit à ne plus craindre la forêt. Il m'a expliqué à quoi servaient les plantes et comment pêcher ou nager dans un torrent. Petit à petit, j'ai eu moins peur et à la fin je me sentais en harmonie avec cette forêt magnifique. ❞

❝ La mère de ma famille d'accueil ne parlait pas espagnol... Quatre jours avant mon départ, nous étions seules dans la cuisine, une pièce construite en bambou. Nous faisions cuire des bananes. Soudain, elle s'est mise à me parler en cunas. Elle m'a parlé ainsi pendant trois quarts d'heure, puis s'est arrêtée. Alors à mon tour, j'ai évoqué, en français, mon séjour chez elle et mon prochain départ. Quand j'ai eu fini, elle s'est mise à pleurer. Ce fut un moment étrange, inoubliable. ❞

❝ La vie à bord exige de nombreuses qualités : supporter la vie en communauté, se plier à des modes de vie très différents, accepter l'absence de sa famille. ❞

❝ Il n'est pas toujours nécessaire de comprendre le langage de l'autre, pour que l'amitié naisse. Le respect de ses coutumes, les regards, les gentillesses suffisent. ❞

« J'ai appris plus que ce que j'ai apporté. »

Médecin de la Santé publique, depuis trois ans, Stéphane partage son temps : une partie pour l'aménagement d'une banlieue parisienne, l'autre pour l'aide humanitaire à l'étranger. Deux fois un mois au Burkina, dans le cadre de l'opération SOS Sahel, pour étudier les conséquences de la construction d'un barrage et la formation des enfants à l'hygiène ; huit mois en Afghanistan dans un hôpital en pleine campagne ; les Philippines avec les enfants de la rue ; la Thaïlande pour préparer une mission… Il dit : « J'espère que j'aide, mais je suis convaincu que j'ai appris plus que ce que j'ai apporté… »

Une multitude d'amis

« J'adore le sport ! Il est la clé de tout mon équilibre : il me permet de m'amuser, de me détendre et de me défouler tout en gardant la forme. Pour moi, l'athlétisme, plus précisément le cross, est une bataille perpétuelle. Je me donne toujours à fond pendant une course, pour arriver à un résultat, pour me surpasser. À l'arrivée, une grande joie s'empare de moi : celle de m'être battue jusqu'au bout et d'être arrivée à une place convenable. **Désormais, je n'ai plus face à moi des adversaires, mais une multitude d'amis** avec qui l'on peut partager le souvenir de la "bataille". »

Cécile, 12 ans

Connaître, c'est aller vers l'autre, se mettre à l'écoute de l'autre.

Connaître, c'est découvrir l'autre dans ce qu'il est et dans ce qu'il fait, jouer avec lui, étudier avec lui, partager une activité…

Connaître, c'est avancer vers l'inconnu, c'est accepter l'autre comme différent de moi-même.

« Il y a tant de choses à découvrir, à comprendre. Comment faire ? »

CONNAÎ

APPRENDRE EN CLASSE

Connaître le monde

Même si cela paraît éloigné et parfois compliqué, il est important de connaître l'histoire de ceux qui nous ont précédés. Nous héritons de leurs découvertes, de leur savoir. Non, la curiosité n'est pas un vilain défaut !

ACTIVITÉ 9

Construire le cycle de l'eau

Pour comprendre le cycle* de l'eau, on peut essayer de suivre le trajet d'une goutte d'eau ! D'où vient la goutte d'eau et où va-t-elle ?

DOC 1 Histoire d'une goutte d'eau : les nuages, la pluie, l'arrivée sur une feuille... elle tombe sur le sol où elle ruisselle ou s'infiltre.

MOTS UTILES

cycle : déplacement avec retour au point de départ, sans cesse répété.
nappe aquifère : réserve d'eau souterraine située dans une roche poreuse.
ruissellement : écoulement rapide de l'eau à la surface du sol.

A. Suivre le devenir d'une goutte d'eau

1 Quand il n'y a pas de végétation, que va devenir la goutte d'eau ?

2 Peut-elle retourner directement jusqu'à un « réservoir naturel », la mer, un lac, un étang ou une nappe aquifère* ?

3 Si, en s'infiltrant dans le sol, cette goutte d'eau atteint les racines d'un arbre, que devient-elle (voir Activité 8) ?

4 Dans quel « réservoir naturel » l'arbre puise-t-il son eau ?

28 partie 1 • Notre environnement

Escale 1

ÊTRE AUTREMENT QU'AVEC SA TÊTE

Recette pour faire un arc-en-ciel

Les différentes
activités artistiques :
la peinture, la musique,
la danse, la sculpture,
le théâtre sont une autre
manière de s'ouvrir
au monde.

Pour faire un très bel arc-en-ciel
il faut un arc à songerie
et plusieurs flèches au pluriel.
Prends un grand ciel assez mouillé
pour que les couleurs
y sourient dans la lumière un peu brouillée.

Violet
Avec une plume de merlette
ou des moustaches de souris
dilue dans l'eau quatre violettes.

Indigo
Le plus joli des indigos
s'obtient à partir d'un chat persan
qui sourit et fait le gros dos.

Vert
L'herbe et le trèfle à quatre feuilles
donnent un vert du plus beau vert
qu'on mélange à du chèvrefeuille.

Jaune
Pour faire un petit garçon
couleur de taches de rousseur
de maïs ou de hérisson.

Orange
Pour faire un orangé orange
attrape un grand éclat de rire
avec une plume de mésange.

Rouge
Le rouge-gorge de forge
te prêtera son gentil feu
pour le rouge qui brûle et bouge.

Quand tes couleurs sont enfin prêtes
tu peux attaquer l'arc-en-ciel
déjà dessiné dans ta tête.

Tu vises la ligne d'horizon
La flèche trace un arc-en-cercle
corolle aux couleurs de blason ;
quand l'arc-en-ciel est terminé,
tu te déchausses et les pieds nus
tu commences la traversée.
Monte droit dans le ciel ouvert.
Quelqu'un s'avancera vers toi
comme dans un miroir à l'envers.
Un autre marche, qui est toi.

LA TÉLÉVISION

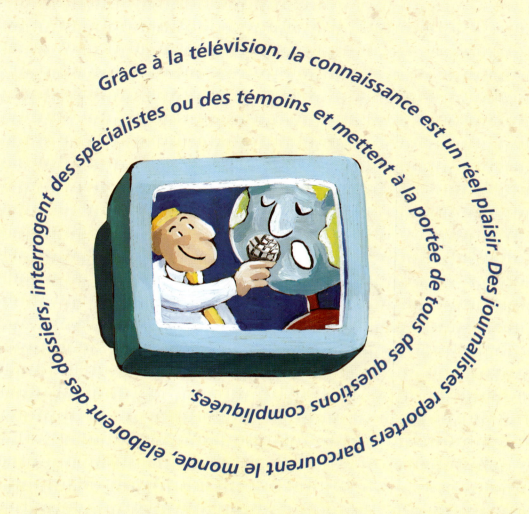

Grâce à la télévision, la connaissance est un réel plaisir. Des journalistes reporters parcourent le monde, élaborent des dossiers, interrogent des spécialistes ou des témoins et mettent à la portée de tous des questions compliquées.

Il y a deux mois, ma télévision s'est cassée, et mes parents ont refusé d'en acheter une autre. Je me sens un peu coupée du monde depuis cet événement. Les grands titres de l'actualité et les films super, je les rate. Et puis, quand mes copains ou mes copines parlent de télévision, je suis toujours mise à l'écart. Et même en cours, nos profs nous conseillent des émissions que je ne peux pas voir ou bien nous parlent de reportages qui me sont inconnus. Je crois que la télévision est essentielle pour nous informer de ce qui se passe autour de nous.

Thérèse, 13 ans et demi

« Il est intéressant de voir comment
à différentes époques les hommes
ont répondu aux problèmes de leur temps. »

CONNAÎTRE AVEC LA RAISON

« Aujourd'hui encore, tout être humain
se pose des questions sur la vie, l'amour,
la mort, l'univers, l'humanité. »

> Chère Sophie,
> Les gens ont toutes sortes d'occupations : certains collectionnent les pièces anciennes ou les timbres, quelques-uns s'intéressent aux travaux manuels ou au bricolage et d'autres consacrent presque tout leur temps libre à tel ou tel sport. Beaucoup apprécient aussi la lecture.
> Qu'est-ce qu'il y a de plus important dans la vie ? Si l'on interroge quelqu'un qui ne mange pas à sa faim, ce sera la nourriture. Pour quelqu'un qui a froid, ce sera la chaleur. Et pour quelqu'un qui souffre de la solitude, ce sera bien sûr la compagnie des autres hommes.
> Mais au-delà de ces nécessités premières, existe-t-il malgré tout quelque chose dont tous les hommes aient encore besoin ? Les philosophes pensent que oui. Ils affirment que l'homme ne vit pas seulement de pain. Tous les hommes ont évidemment besoin de nourriture. Et aussi d'amour et de tendresse. Mais il y a autre chose dont nous avons tous besoin : c'est de savoir qui nous sommes et pourquoi nous vivons.

**Extrait du *Monde de Sophie*
de Jostein Gaarder**

DIEU NOUS INVITE À LE

Amos 5, 4

« Car ainsi parle le Seigneur à la maison d'Israël. Cherchez-moi et vous vivrez ! »

Nahoum 1, 7

« Le Seigneur est bon ; il est une citadelle au jour de la détresse. Il connaît ceux qui se confient en lui. »

Psaume 33, 5

« Je cherche le Seigneur, il me répond : de toutes mes frayeurs, il me délivre. »

DIEU SE FAIT CONNAÎTRE

Dieu révèle

Connaître Dieu

Moïse gardait le troupeau de son beau-père Jéthro, prêtre de Madiane. Il mena le troupeau au-delà du désert et parvint à l'Horeb, la montagne de Dieu. L'ange du Seigneur lui apparut au milieu d'un feu qui sortait d'un buisson. Moïse regarda : le buisson brûlait sans se consumer. Moïse se dit alors : « Je vais faire un détour pour voir cette chose extraordinaire : pourquoi le buisson ne brûle-t-il pas ? »

Le Seigneur vit qu'il avait fait un détour pour venir regarder, et Dieu l'appela du milieu du buisson : « Moïse ! Moïse ! » Il dit : « Me voici ! » Dieu dit alors : « N'approche pas d'ici ! Retire tes sandales, car le lieu que foulent tes pieds est une terre sainte ! Je suis le Dieu de ton père, Dieu d'Abraham, Dieu d'Isaac, Dieu de Jacob. » Moïse se voila le visage car il craignait de porter son regard sur Dieu. Le Seigneur dit à Moïse : « J'ai vu, oui, j'ai vu la misère de mon peuple qui est en Égypte, et j'ai entendu ses cris sous les coups des chefs de corvée. Oui, je connais ses souffrances. Je suis descendu pour le délivrer de la main des Égyptiens et le faire monter de cette terre vers une terre spacieuse et fertile, vers une terre ruisselant de lait et de miel, vers le pays de Canaan. La clameur des fils d'Israël est parvenue jusqu'à moi, et j'ai vu l'oppression que leur font subir les Égyptiens. Et maintenant, va ! Je t'envoie chez Pharaon : tu feras sortir d'Égypte mon Peuple, les fils d'Israël. »

Moïse dit à Dieu : « Qui suis-je pour aller trou-

CHERCHER

Psaume 104, 4-5

« Cherchez le Seigneur et sa puissance, recherchez sans trêve sa face ; souvenez-vous des merveilles qu'il a faites, de ses prodiges, des jugements qu'il prononça. »

1 Ch. 22, 19

« Donnez maintenant votre cœur et votre âme à la recherche du Seigneur votre Dieu. »

Psaume 138, 1

« Tu me scrutes, Seigneur, et tu sais ! »

son nom à Moïse

ver Pharaon, et pour faire sortir d'Égypte les fils d'Israël ? » Dieu lui répondit : « Je suis avec toi. Et voici à quel signe on reconnaîtra que c'est moi qui t'ai envoyé : quand tu auras fait sortir d'Égypte mon peuple, vous rendrez un culte à Dieu sur cette montagne. »

Moïse répondit : « J'irai donc trouver les fils d'Israël, et je leur dirai : "Le Dieu de vos pères m'a envoyé vers vous." Ils vont me demander quel est son nom ; que leur répondrai-je ? »

Dieu dit à Moïse : « Je suis celui qui suis. Tu parleras ainsi aux fils d'Israël : Celui qui m'a envoyé vers vous, c'est : JE-SUIS. »

Dieu dit encore à Moïse : « Tu parleras ainsi aux fils d'Israël : "Celui qui m'a envoyé vers vous, c'est YAHVÉ, c'est LE SEIGNEUR, le Dieu de vos Pères, Dieu d'Abraham, Dieu d'Isaac, Dieu de Jacob." C'est là mon nom pour toujours, c'est le mémorial par lequel vous me célébrerez, d'âge en âge. »

Exode 3, 1-15.

Connaître le monde, se connaître, connaître les autres, tout cela, c'est possible, mais est-il possible de connaître Dieu ?

Les croyants savent bien qu'ils ne peuvent trouver Dieu au bout de leurs recherches, c'est Dieu qui se révèle à ceux qui se mettent en route.

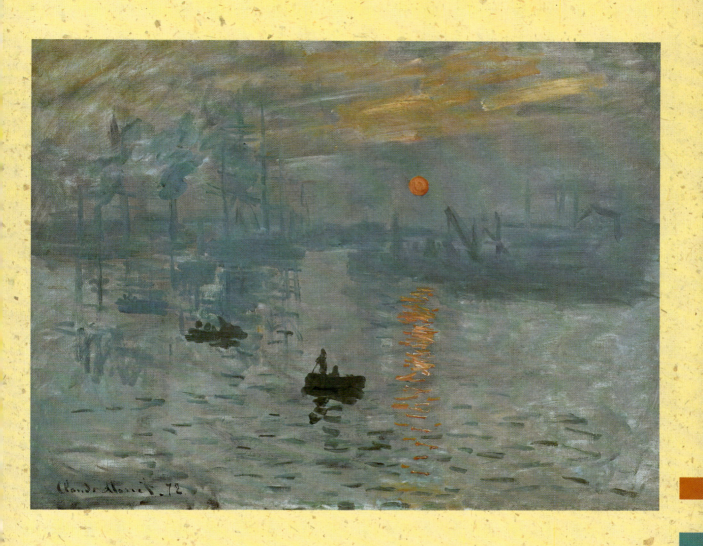

Impression, soleil levant
Claude Monet (1840-1926)

AU MILIEU

ÉVAN

Et voici quel fut le témoignage de Jean, quand les Juifs lui envoyèrent de Jérusalem des prêtres et des lévites pour lui demander : « Qui es-tu ? » Il le reconnut ouvertement, il déclara : « Je ne suis pas le Messie. » Ils lui demandèrent : « Qui es-tu donc ? Es-tu le prophète Élie ? » Il répondit : « Non. - Alors es-tu le grand Prophète ? » Il répondit : « Ce n'est pas moi. » Alors ils lui dirent : « Qui es-tu ? Il faut que nous donnions une réponse à ceux qui nous ont envoyés. Que dis-tu sur toi-même ? » Il répondit : « Je suis *la voix qui crie à*

travers le désert : *Aplanissez le chemin du Seigneur*, comme a dit le prophète Isaïe. » Or, certains des envoyés étaient des pharisiens. Ils lui posèrent encore cette question : « Si tu n'es ni le Messie, ni Élie, ni le grand Prophète, pourquoi baptises-tu ? » Jean leur répondit : « Moi, je baptise dans l'eau. Mais au milieu de vous se tient celui que vous ne connaissez pas : c'est lui qui vient derrière moi, et je ne suis même pas digne de défaire la courroie de sa sandale. » Tout cela s'est passé à Béthanie-de-Transjordanie, à l'endroit où Jean baptisait.

Jean 1, 19-28

Rencontrer Dieu, le connaître, lui parler

Seigneur, qui es-tu ?

Seigneur, qui es-tu ? Où es-tu ?

Parfois tu parles dans notre cœur, m'a-t-on dit.

Mais moi, j'ai beau écouter, me concentrer même,

je n'entends rien !

C'est sûrement mon imagination qui me joue des tours

et me raconte des tas d'histoires.

Seigneur, il paraît que tu parles aussi dans l'Évangile ;

mais moi, quand je l'écoute le dimanche, l'Évangile,

ça me glisse dessus et je l'oublie aussitôt.

Où es-tu Seigneur ?

Je voudrais tellement te voir, sentir ta présence.

C'est difficile de parler à quelqu'un qu'on ne voit pas.

C'est encore plus difficile d'aimer, dans ces conditions...

Seigneur, qui es-tu ?

Viens vers moi, puisque je ne peux aller plus loin :

Tu es trop grand, trop différent !

Je sais bien que je n'ai pas à te donner d'ordres :

Tu es libre, tu fais ce que tu veux...

Mais j'ai tellement envie de te connaître.

Viens, je t'en prie, je t'attends.

Agnès

Il m'arrive souvent de prier. Parfois, j'ai une longue conversation simple et amicale avec Dieu. Parfois, juste un petit bonjour ou un merci. Peu importe le lieu, ou le moment de la journée, je sais qu'il m'écoute. Je lui parle de mes amis, de mes projets, de mes joies, de ce qui est important pour moi. Parfois aussi, je ne dis rien, je reste dans le silence, je contemple la nature ou une belle image. Je sais que Dieu est là, qu'il m'aide. C'est comme s'il me disait : aie confiance, je marche avec toi. Dans certaines maisons, il y a une « chambre d'ami », une chambre toujours prête à accueillir les amis de passage. Dans ma maison, j'ai préparé un coin pour prier Dieu. J'y ai posé une icône de Jésus et une bougie, parfois une fleur.

Toi aussi tu peux parler à Dieu ou sentir sa présence dans le silence. Tu peux aussi créer un espace prière dans un coin de ta maison. Sur un meuble, tu poses une image de Jésus, quelque chose qui rappelle la lumière de Dieu, une bougie, un vitrail.

PRIÈRE DE L'ÉQUIPAGE

Seigneur,
en mer le travail
en équipe est vital, nos vies en dépendent,
une seule erreur peut nous être fatale.
Donne-nous la force d'agir ensemble,
comme un seul homme.
Peu importe notre taille, Seigneur,
petites barques ou grands pétroliers ;
aide-nous à craindre la mer, à respecter
la variété infinie de son humeur,
à nous respecter mutuellement.
Sur le bateau l'esprit de famille
et le sens de l'humour
sont indispensables à la communauté.
Empêche-nous Seigneur d'être égoïste...
Ô Dieu d'amour aide-nous à faire passer
le « nous » avant le « je ».

Seigneur tu me sondes et tu me connais ;
que je me lève ou m'assoie, tu le sais
tu perces de loin mes pensées ;
que je marche ou me couche, tu le vois,
mes chemins te sont tous familiers.
La parole n'est pas encore sur ma langue
et voici, Seigneur, tu la sais tout entière ;
derrière et devant tu m'enserres,
tu as mis sur moi ta main.
Merveille de science qui me dépasse,
hauteur où je ne puis atteindre.
C'est toi qui m'as formé les reins,
qui m'as tissé au ventre de ma mère ;
je te rends grâce pour tant de prodiges :
merveille que je suis, merveille que tes œuvres.
Sonde-moi, ô Dieu, connais mon cœur,
scrute-moi, connais mon souci ;
vois que mon chemin ne soit fatal,
conduis-moi sur le chemin d'éternité.

PSAUME 138

Seigneur, écoute mon cœur
qui te parle : ceux que tu m'as fait
rencontrer aujourd'hui,
aide-moi à découvrir leurs qualités
et à les aimer comme ils sont.
Tu es là, présence invisible
dans le silence et je t'accueille
dans mon cœur.

2

Que cherchez-vous ?

« Il leur dit : Venez

En contemplant
la mer ou le ciel plein d'étoiles
un soir d'été, de grandes questions sur l'univers,
son origine, sur le sens de la vie,
peuvent venir à ton esprit.
Quelles sont les origines de l'homme ?
Sommes-nous le centre de l'univers ?
Que devenons-nous après la mort ?
Dieu existe-t-il ? Suis-je aimé(e) ?
Ces grandes questions te donnent un peu le vertige.
Les hommes ont essayé de répondre de différentes

et vous verrez... » JEAN 1, 39

façons. Ces questions, si nous nous les posons encore, c'est parce qu'il n'y a pas de solutions toutes prêtes. Et même si nous trouvons parfois cela angoissant, nous savons bien que tout au long de notre vie, nous n'avons jamais fini de chercher, seul et avec d'autres. C'est cette grande recherche et toutes les petites réponses que nous trouvons chaque jour qui donnent **un sens à notre vie.**

LE SECRET DES CHOSES

Un beau jour, deux explorateurs découvrent, au cœur de la jungle, une magnifique clairière fleurie. Le premier s'exclame :
– Il doit nécessairement y avoir un jardinier pour entretenir un si bel endroit !
Le second explorateur n'est pas de cet avis :
– Un jardinier en pleine jungle ? Impossible !
Pour tenter de se mettre d'accord, ils décident de surveiller les lieux et de vérifier ainsi si quelqu'un prend soin de cette clairière. Ils dressent leur tente et attendent. De longs jours s'écoulent, mais personne ne vient.
Nos explorateurs s'interrogent :
– C'est peut-être un jardinier invisible !
Alors, ils tendent une clôture dont le moindre frémissement pourrait indiquer une présence

invisible. Peine perdue ; rien ne bouge ! Même leur chien, pourtant fin limier, ne détecte aucun mouvement, ne flaire aucun passage.
Mais le croyant ne s'avoue pas vaincu :
– Je sais qu'il y a un jardinier, mais sa présence est tout simplement imperceptible. Et il vient secrètement s'occuper du jardin qu'il aime.
Cette fois, le sceptique s'impatiente :
– En ce cas, explique-moi en quoi ton jardinier invisible et éternellement insaisissable diffère d'un jardinier imaginaire ou complètement inexistant !
Alors le croyant s'éloigne vers un massif et cueille une fleur. Sans un mot, avec seulement un sourire aux lèvres, il la tend à son ami, qui ne comprend pas :
– Pourquoi ce cadeau ?
– Pour te rappeler cette solide amitié qui nous lie depuis des années. Cette amitié, peux-tu la voir ?
– Bien sûr que non ! L'essentiel est invisible pour les yeux, comme dit le Petit Prince. On ne voit bien qu'avec le cœur !
– N'en irait-il pas de même de Celui qui fait pousser ce jardin avec tant d'amour ?

D'après Jean Vernette, *Paraboles pour aujourd'hui*.

SOMMAIRE

Dossier

Questions éternelles	36
Quelles sont les origines de l'homme ?	38
Sommes-nous le centre de l'univers ?	40
Que devenons-nous après la mort ?	44
Dieu existe-t-il ?	46
BD : La surprise de Camille	50
Saint Jean Baptiste dans le désert	51

Évangile

« Venez et vous verrez »	52

Prière

Questionner Dieu	54

questions éternelles

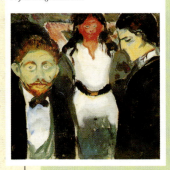

« Tu comprends donc toi-même ce qui nous unit ici… D'autres discutent des affaires de ce monde, mais nous, les jeunes, nous voulons résoudre, au préalable, les problèmes transcendants de la Vie. C'est notre souci à nous. Tous les jeunes de la Russie dissertent à cette heure sur les énigmes éternelles de l'univers… Tu veux savoir si j'ai la foi, ou si je suis un incroyant, voilà ce qu'il y avait au fond de ton regard depuis trois mois, n'est-il pas vrai, Alexis ?
– C'est bien possible, répondit Aliocha en souriant. J'espère que tu ne te moques pas de moi en ce moment, frère ?
– Me moquer, moi ? Je ne voudrais pas chagriner mon petit frère ! Comment se comportent-ils aujourd'hui, nos jeunes garçons russes, certains d'entre eux, du moins ? Ils se rencontrent. Et de quoi vont-ils discuter ? De l'univers et de son mystère, c'est inévitable. Dieu existe-t-il ? Y a-t-il une immortalité de l'âme ? Ils sont innombrables chez nous, ces jeunes garçons russes, pleins d'originalités, qui ne savent plus, à cette heure, que discuter à perte de vue sur les problèmes éternels. N'es-tu pas d'accord avec moi ?
– Certainement ! »

Extrait des *Frères Karamazov* (1880)
de F. M. Dostoïevski

« Quelle est l'origine du monde ? »

« Quelle est la place de l'homme dans l'univers ? »

« Pourquoi les hommes honorent-ils des dieux ? »

« Que devient-on après la mort ? »

> « J'ai rêvé que les cinq continents seraient reliés en un seul pays : « la terre ». Chacun serait assez raisonnable pour se gouverner seul. Il y aurait seulement un gouvernement entre pays, c'est-à-dire entre planètes. Chaque personne arrivant dans ce pays absorberait une pilule de l'amitié. Il n'y aurait aucune différence sociale. La justice serait inutile puisque les hommes sont tous bons. Il n'y aurait plus de frontières et aussi le racisme n'existerait plus, du moment que tous les hommes font partie du même pays et sont tous solidaires. »
>
> *Dominique*

« Dieu existe-t-il ? »

« Quelles relations a-t-il avec les hommes ? »

« Bien avant que nous ne soyons nés, les hommes se sont posé de grandes questions. Aujourd'hui, nos pas rejoignent les leurs. »

Quelles sont les origines de l'homme ?

PAROLES DE JEUNE

En visitant l'univers, Dieu s'arrêta sur la Terre.
Elle lui plut et il voulut l'habiter.
Il visita la Terre, et vit qu'elle était vide et sombre.
Dieu pensa : « Je vais retourner chez moi
et j'y prendrai de quoi aménager cette planète. »

Xavier, 11 ans

PAROLES D'EXPERTS

« Un jour, la science pourra-t-elle tout expliquer ? »

On se pose des questions de plus en plus vastes, qu'il s'agisse du passé, de l'avenir, ou du fonctionnement de notre propre cerveau. C'est ce qui va le plus chahuter nos connaissances : comprendre comment le cerveau marche ! On va dans les vingt prochaines années comprendre des mécanismes fondamentaux, peut-être celui de la conscience. Quand on en sera là, nous aurons des possibilités pour soigner les maladies mentales. Mais ça ne veut pas dire qu'on arrivera un jour à une fin…

Religion et science sont totalement sans recouvrement. Certes, il y a eu des tentatives de récupération : la religion freinant la science et inversement des arguments dits scientifiques pour détruire le message religieux. Science et religion, respectons les deux ! Il n'y a aucune antinomie entre le fait d'être scientifique ou d'être croyant.

Entretiens avec Pierre-Gilles de Gennes, prix Nobel de physique

LES PREMIERS ANCÊTRES

La Préhistoire est une très longue période qui commence aux origines de l'homme, il y a des millions d'années, et qui s'étend jusqu'à l'invention de l'écriture. Nous trouvons aujourd'hui des traces possibles de ces premiers ancêtres, parfois même des squelettes assez complets comme celui de *Lucy*, découvert en 1974, à l'est de la Rift Valley en Éthiopie. Elle vivait il y a un peu plus de trois millions d'années. Les hommes les plus anciens vivaient en Afrique de l'Est (Éthiopie, Tanzanie, Kenya). Par leurs migrations, ils ont peuplé la terre.

Antoine, professeur d'histoire

PAROLES DE CROYANTS

Nous sommes nés de la tendresse de Dieu

Depuis toujours, les hommes racontent leurs origines. Ils racontent même les temps inaccessibles aux historiens, aussi inaccessibles et mystérieux que la vie d'un homme avant sa naissance ou le moment même de sa naissance.

Les Mésopotamiens, les Égyptiens, les Indiens d'Amérique du Nord, et tous les peuples anciens ont écrit des récits religieux sur leurs origines.

Il y a de nombreux textes sur les origines dans la Bible : les deux plus connus sont celui du chapitre 2 du livre de la Genèse, écrit dix siècles avant Jésus, et celui du chapitre 1 du livre de la Genèse, écrit six siècles avant Jésus.

Mais on peut lire aussi le livre d'Isaïe (40, 6-13), celui de Job (10, 8-12), les Psaumes (8, 104, 136, 148...) et encore dans le second livre des Maccabés (7, 28) : « Mon enfant, regarde le ciel et la terre et vois tout ce qui est en eux et sache que Dieu les a faits de rien et que la race des hommes est faite de la même manière. »

> « Cette création admirable et tout harmonieuse, Dieu ne l'a faite pour personne d'autre que pour toi et s'il l'a faite si belle, si grande, diverse, riche, utile, bienfaisante, nourricière du corps et capable de mener l'âme à Dieu, c'est à cause de toi. »
>
> Saint Jean Chrysostome, évêque de Constantinople, IVᵉ siècle

« Dieu en nous parlant n'a pas voulu faire de nous des savants, mais des croyants. »
Saint Augustin, évêque d'Hippone, IVᵉ siècle

« Nous ne sommes pas issus d'un big bang aveugle, mais de la tendresse du cœur de Dieu. »
A. Manaranche, XXᵉ siècle

Sommes-nous le centre de l'univers ?

PAROLES DE JEUNE

Tu étais le plus grand dans ton école, tu es le plus petit au collège.

Tu regardes la voûte étoilée ou l'étendue de la mer et tu te sens petit.

Tu compares ta vie à celle d'un chêne séculaire ou d'un rocher : tu peux te sentir de passage sur terre.

Un grain de poussière dont on se souviendra

Nous sommes des grains de poussière sur Terre, la Terre un grain de poussière dans le système solaire, un grain de poussière dans la Voie lactée…
Je sais que je disparaîtrai de ce cher grain de poussière qu'est notre Terre. Mais je tiens à ce que mes amis se souviennent de moi, et en bien. Je voudrais laisser des traces de mon existence. Je peux te donner trois ou quatre conseils (tu en feras ce que tu veux) ; vis ta vie et bien ; l'infini, c'est impressionnant mais il y a déjà tant de belles choses sur notre planète bleue. Ris, amuse-toi, profite de ta vie et dis-toi que tu la construis tous les jours, que tu l'enrichis à chaque moment. Dis-toi que tu seras un grain de poussière dont beaucoup se souviendront.

Marc, 12 ans

PAROLES D'EXPERTS

Notre Terre n'est pas le centre de l'univers

Depuis Copernic, nous savons que notre Terre n'est ni le centre de l'univers, ni même le centre de notre système solaire. C'est une planète tout ordinaire qui tourne, comme les autres planètes, autour du Soleil. Notre glorieux Soleil est une banale étoile située quelque part dans la banlieue de notre Voie lactée.

En observant la position des galaxies extérieures à la nôtre, les astronomes ont constaté qu'elles ne sont pas distribuées au hasard dans le ciel.

Pourquoi les galaxies se sont-elles disposées de cette façon ? Les théories sont nombreuses mais aucune ne fait l'unanimité. Cette question est vraisemblablement liée à la question de l'origine des galaxies, une des plus mystérieuses de notre époque.

Entretiens avec Hubert Reeves, astrophysicien

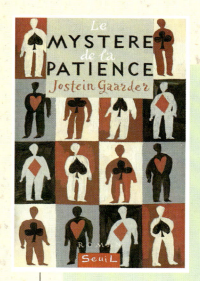

" Le fait est que tous tes ancêtres ont grandi et ont eu des enfants, même au cours des pires catastrophes naturelles, même à des époques où la mortalité infantile était importante. Beaucoup ont sans doute été malades, on pourrait dire que tu as frôlé la mort des centaines de milliards de fois, Hans-Thomas. Ta vie sur cette planète a été menacée par des insectes, des bêtes sauvages, des météores, la foudre, la maladie, la guerre, les inondations, les incendies, les empoisonnements et les tentatives d'assassinat.

En fait, cette chaîne remonte jusqu'à la première division cellulaire qui fut à l'origine de tout ce qui pousse et croît sur la planète aujourd'hui. La probabilité que ma chaîne ne soit pas brisée à un moment ou à un autre au cours des ces trois ou quatre milliards d'années a beau être infime, le fait est que j'ai réussi à être là. Et comment ! Je me rends compte du pot fou que j'ai d'être en vie, là sur cette terre, avec toi. Et je sais du même coup la chance qu'a eue le moindre petit insecte ici sur cette terre. "

Extrait du *Mystère de la patience*
de Jostein Gaarder

PAROLES DE CROYANTS

Affirmer « je crois » est un acte de foi qui se situe au-delà de la connaissance scientifique, mais qui ne s'y oppose pas. Dieu crée par sa parole. Dans le même acte libre, Dieu crée la matière, l'espace et le temps. Il ne crée pas un univers figé mais, dès le premier instant, que l'on appelle le big-bang, il inscrit au plus intime de la matière une évolution possible vers des formes de plus en plus complexes. Les atomes initiaux ont engendré les premières étoiles d'où sont nés d'autres atomes qui ont rendu possible la vie sur cette fragile et belle oasis qu'est la Terre.

Comme croyant, je perçois trois signes de la présence de Dieu à travers la création. Ils sont comme des empreintes qu'il aurait laissées pour orienter vers lui notre regard. Le premier est la beauté. Je suis émerveillé par la grâce d'une rose, la majesté d'un sommet enneigé ou le sourire d'un enfant. Le deuxième est l'intelligence. L'homme, pourtant si fragile, est capable d'être à son tour un prodigieux créateur dans des domaines aussi divers que les arts, les sciences ou la musique. Enfin, comment l'union infiniment complexe de cellules peut-elle engendrer un sentiment aussi grand que l'amour ?

Jacques, diacre, professeur de physique

L'homme, quelle merveille !

Ô Seigneur, notre Dieu,
qu'il est grand ton nom
par toute la terre !

Jusqu'aux cieux, ta splendeur est chantée
par la bouche des enfants, des tout-petits :
rempart que tu opposes à l'adversaire,
où l'ennemi se brise en sa révolte.

À voir ton ciel, ouvrage de tes doigts,
la lune et les étoiles que tu fixas,
qu'est-ce que l'homme pour que tu penses à lui,
le fils d'un homme, que tu en prennes souci ?

Tu l'as voulu un peu moindre qu'un dieu,
le couronnant de gloire et d'honneur ;
tu l'établis sur les œuvres de tes mains,
tu mets toutes choses à ses pieds :

les troupeaux de bœufs et de brebis,
et même les bêtes sauvages,
les oiseaux du ciel et les poissons de la mer,
tout ce qui va son chemin dans les eaux.

Ô Seigneur, notre Dieu,
qu'il est grand ton nom
par toute la terre !

Psaume 8

PAROLES DE JEUNE

Madame la Mort,

Vous m'avez retiré des personnes qui m'étaient chères. Je vous hais. Vous faites pleurer les gens, vous les faites souffrir. Pourriez-vous me laisser la vie ? J'ai encore tant de choses à vivre, tant d'heures à être heureuse, malheureuse aussi. (Mais même si je suis malheureuse, je veux vivre !) Laissez la vie aussi à ma famille, à mes amis. Et puis zut ! Laissez la vie à tous les gens qui n'ont rien fait pour mourir, qui sont heureux...

Extrait de lettre écrite par une jeune de sixième

PAROLES D'EXPERT

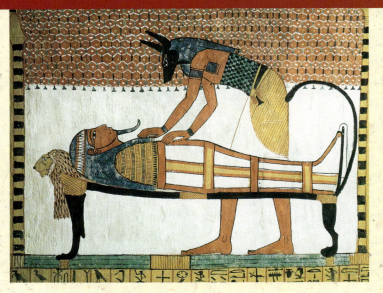

Les plus anciennes sépultures remontent à 70 000 et même 100 000 avant Jésus-Christ. Les hommes de cette époque enterraient leurs morts dans un linceul, les accompagnant de présents : des bijoux, des outils, des armes, de quoi boire et de quoi manger...
N'est-ce pas l'expression d'une espérance d'un au-delà de la mort ?

Plus tard, les anciens Égyptiens pensaient que la mort mène à une autre forme de vie et, en construisant les pyramides, les pharaons préparaient leur éternité. Les réflexions des Grecs les conduisaient à croire en une vie immortelle comme celle des dieux. Les religions orientales aussi avaient de telles croyances, comme le montre cette phrase dans les Upanishad, un texte sacré de l'Inde : « Fais-moi aller de l'obscurité à la lumière, fais-moi aller de la mort à l'immortalité. »

PAROLES DE CROYANTS

" Ma Loulou est partie pour le pays de l'envers du décor, un homme lui a donné neuf coups de poignard dans sa peau douce. C'est la société qui est malade, il nous faut la remettre d'aplomb et d'équerre par l'amour et l'amitié et la persuasion. C'est l'histoire de mon petit amour à moi arrêté sur le seuil de ses 33 ans. Ne perdons pas courage ni vous ni moi. Je vais continuer ma vie et mes voyages avec ce poids à porter [...] Je resterai sur le pont, je resterai un jardinier, je cultiverai mes plantes de langage. À travers mes dires, vous retrouverez ma bien-aimée ; il n'est de vrai que l'amitié et l'amour [...] En attendant à vous autres mes amis de l'ici-bas, face à ce qui m'arrive je prends la liberté, moi qui ne suis qu'un histrion, qu'un batteur de planches, qu'un comédien qui fait du rêve avec du vent, je prends la liberté de vous écrire pour vous dire à quoi je pense aujourd'hui : je pense de toutes mes forces qu'il faut s'aimer à tort et à travers. "

Julos Beaucarne, quelques heures après l'assassinat de sa femme.

Job 19, 23-26

Je voudrais qu'on écrive ce que je vais dire, que mes paroles soient gravées sur le bronze avec le ciseau de fer et le poinçon, qu'elles soient sculptées dans le roc pour toujours :
je sais, moi, que mon libérateur est vivant, et qu'à la fin il se dressera sur la poussière des morts ;
avec mon corps, je me tiendrai debout, de mes yeux de chair, je verrai Dieu.

1 Thessaloniciens 4, 13-14

Frères, nous ne voulons pas vous laisser dans l'ignorance au sujet de ceux qui se sont endormis dans la mort ; il ne faut pas que vous soyez abattus comme les autres, qui n'ont pas d'espérance. Jésus, nous le croyons, est mort et ressuscité : de même, nous le croyons, ceux qui se sont endormis, Dieu, à cause de Jésus, les emmènera avec son Fils.

 **Paradis...**

Voir *jardin* dans *Ta Parole est un Trésor*, page 512

Les chrétiens croient que Dieu a relevé de la mort son Fils Jésus, lui le premier, qu'il est **vivant**, et que cette résurrection sera aussi la nôtre, car le jour de notre mort est le jour d'une naissance : c'est la même vie, mais tout autre ! Telle est notre espérance.

PAROLES DE JEUNES

Dieu existe-t-il ?

DIEU N'EST PAS QUELQU'UN QUI A DES POUVOIRS MAGIQUES

Quand on croit en Dieu, je ne pense pas que c'est pour une raison quelconque, mais parce qu'on a la foi. Dieu n'est pas quelqu'un qui a des pouvoirs magiques, qui peut faire n'importe quoi, quand il veut. C'est quelqu'un de tellement exceptionnel, extraordinaire, qu'on ne peut pas l'exprimer.

Thibault, 12 ans

" Je suis chrétienne : baptisée, j'ai fait ma première communion et ma profession de foi. Mais je me pose beaucoup de questions : « Est-ce que Dieu existe ? » « À quoi ça sert de croire ? » etc. Et je me rends compte qu'il est impossible de donner une réponse et qu'il y a très peu de personnes avec qui parler de notre foi. Aujourd'hui, je me pose souvent cette question : « Qu'ont de moins que nous, chrétiens, ceux qui ne croient pas ? » Je ne sais vraiment pas quoi dire, quoi répondre. "

Anne-Claire, 5ᵉ

Dieu existe-t-il ?
PAROLES D'HOMMES

 Cette question a traversé les âges. Certains disent oui. D'autres hommes disent qu'il ne leur est pas possible de croire.

IL M'EST IMPOSSIBLE DE CROIRE

Je n'ai pas la foi. J'ai beaucoup réfléchi mais je n'ai pas trouvé de réponse satisfaisante à la question de Dieu. En revanche, il me semble que tout ce qui peut être fait au nom de l'Évangile peut l'être également au nom de l'Homme. C'est pour cette raison que j'éprouve beaucoup de joie à faire un bout de chemin avec des chrétiens dont les valeurs sont l'amour, le respect des autres, le don et l'échange.

Dieu existe-t-il ? Les croyants des différentes religions, chacun à leur manière, disent oui.

PAROLES DE CROYANTS

Parmi tous les croyants, juifs et chrétiens affirment non seulement que Dieu existe, mais que l'homme existe pour Dieu dans une alliance d'amour.

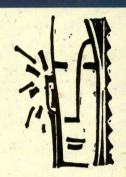

Ce Jésus, Dieu l'a ressuscité ; nous tous, nous sommes témoins. Élevé dans la gloire par la puissance de Dieu, il a reçu de son Père l'Esprit Saint qui était promis, et il l'a répandu sur nous : c'est cela que vous voyez et que vous entendez. (…)
Que tout le peuple d'Israël en ait la certitude : ce même Jésus que vous avez crucifié, Dieu a fait de lui le Seigneur et le Christ.

Actes 2, 32-36

Louange à toi, le Seigneur des mondes, le miséricordieux plein de miséricorde, le maître du jour du jugement. C'est toi que nous adorons, c'est toi que nous implorons. Conduis-nous vers le droit chemin, le chemin de ceux que tu combles de bienfaits, non de ceux qui t'irritent ni de ceux qui s'égarent.

Première sourate du Coran

Écoute, Israël : le Seigneur notre Dieu est l'Unique. Tu aimeras le Seigneur ton Dieu de tout ton cœur, de toute ton âme et de toute ta force. Ces commandements que je te donne aujourd'hui resteront dans ton cœur. Tu les rediras à tes fils, tu les répéteras sans cesse, à la maison ou en voyage, que tu sois couché ou que tu sois levé ; tu les attacheras à ton poignet comme un signe, tu les fixeras comme une marque sur ton front, tu les inscriras à l'entrée de ta maison et aux portes de tes villes.

Shema Israël (prière juive, Dt 6, 4-9)

Quant à nous chrétiens, nous croyons que Jésus nous a tout révélé de Dieu.

Interroge les temps anciens qui t'ont précédé, depuis le jour où Dieu créa l'homme sur la terre : d'un bout du monde à l'autre, est-il arrivé quelque chose d'aussi grand, a-t-on jamais connu rien de pareil ? Est-il un peuple qui ait entendu comme toi la voix de Dieu parlant du milieu de la flamme, et qui soit resté en vie ? Est-il un Dieu qui ait entrepris de se choisir une nation, de venir la prendre au milieu d'une autre, à travers des épreuves, des signes, des prodiges, et des combats, par la force de sa main et la vigueur de son bras, et par des exploits terrifiants, comme tu as vu le Seigneur ton Dieu le faire pour toi en Égypte ?

Il t'a été donné de voir tout cela, pour que tu saches que le Seigneur est Dieu, et qu'il n'y en a pas d'autre. Du haut du ciel, il t'a fait entendre sa voix pour t'instruire ; sur la terre, il t'a fait voir son feu impressionnant, et tu as entendu ce qu'il te disait du milieu du feu. Parce qu'il a aimé tes pères, et qu'il a choisi leur descendance, en personne il t'a fait sortir d'Égypte par sa grande force, pour repousser devant toi des peuples plus nombreux et plus robustes, te faire entrer dans leur pays et te le donner en héritage, comme cela se réalise aujourd'hui.

Sache donc aujourd'hui, et médite cela dans ton cœur : le Seigneur est Dieu, là-haut dans le ciel comme ici-bas sur la terre, et il n'y en a pas d'autre. Tu garderas tous les jours les commandements et les ordres du Seigneur que je te donne aujourd'hui, afin d'avoir, toi et tes fils, bonheur et longue vie sur la terre que te donne le Seigneur ton Dieu.

Deutéronome 4, 32-40

On peut compter sur Dieu

Souvent, dans le passé, Dieu a parlé à nos pères par les prophètes sous des formes fragmentaires et variées ; mais, dans les derniers temps, dans ces jours où nous sommes, il nous a parlé par ce Fils qu'il a établi héritier de toutes choses et par qui il a créé les mondes.

Hébreux 1, 1-2

LA SURPRISE DE CAMILLE

Saint Jean Baptiste dans le désert
Philippe de Champaigne (1602-1674)

VENEZ ET
ÉVA

Le lendemain, Jean Baptiste se trouvait de nouveau avec deux de ses disciples. Posant son regard sur Jésus qui allait et venait, il dit : « Voici l'Agneau de Dieu. » Les deux disciples entendirent cette parole, et ils suivirent Jésus. Celui-ci se retourna, vit qu'ils le suivaient, et leur dit : « Que cherchez-vous ? » Ils lui répondirent : « Rabbi (c'est-à-dire Maître), où demeures-tu ? » Il leur dit : « Venez, et vous verrez. » Ils l'accompagnèrent, ils virent où il demeurait, et ils restèrent auprès de lui ce jour-là. C'était vers quatre heures du soir. […]

VOUS VERREZ

Le lendemain, Jésus décida de partir pour la Galilée. Il rencontre Philippe, et lui dit : « Suis-moi. » (Philippe était de Bethsaïde, comme André et Pierre.) Philippe rencontre Nathanaël et lui dit : « Celui dont parlent la loi de Moïse et les Prophètes, nous l'avons trouvé : c'est Jésus fils de Joseph, de Nazareth. » Nathanaël répliqua : « De Nazareth ! Peut-il sortir de là quelque chose de bon ? » Philippe répond : « Viens, et tu verras. »

Jean 1, 35-39 et 43-46

Questionner Dieu

Écoute, Seigneur, réponds-moi

Écoute, Seigneur, réponds-moi,
car je suis pauvre et malheureux.
Veille sur moi qui suis fidèle, ô mon Dieu,
sauve ton serviteur qui s'appuie sur toi.

Prends pitié de moi, Seigneur,
toi que j'appelle chaque jour.
Seigneur, réjouis ton serviteur :
vers toi, j'élève mon âme !

Toi qui es bon et qui pardonnes,
plein d'amour pour tous ceux qui t'appellent,
écoute ma prière, Seigneur,
entends ma voix qui te supplie.

Je t'appelle au jour de ma détresse,
et toi, Seigneur, tu me réponds.
Aucun parmi les dieux n'est comme toi,
et rien n'égale tes œuvres.

Psaume 85, 1-8

Selon les jours, j'éprouve joie ou tristesse, incompréhension ou doute ou espérance. Parfois, j'ai envie d'appeler au secours, parfois j'ai envie de dire ma confiance. Dans ces moments-là, pour m'adresser à Dieu, j'aime bien utiliser les mots des psaumes. Je sais que des croyants, longtemps avant Jésus, ont utilisé ces mots pour parler à Dieu de leurs recherches, leurs découvertes, leur souffrance, leur confiance.
Je sais que Jésus s'est servi de ces mots pour parler à son Père. Lorsque je prie avec les psaumes, je me sens plus proche de lui.

Cent cinquante psaumes, cela donne le choix. En toute circonstance, tu en trouveras toujours un pour exprimer ce que tu ressens.
Si tu es seul, tu peux choisir un psaume, le lire, t'arrêter après chaque phrase, la répéter dans ta tête. Si tu pries avec d'autres, vous pouvez faire une lecture à deux voix en alternant les strophes. Vous pouvez chanter un refrain entre chaque strophe ou lire le psaume sur un fond musical. Tu peux aussi, comme Anne, t'inspirer d'un psaume pour écrire ta propre prière.

Seigneur, on t'appelle et tu ne réponds pas.
Ton peuple souffre, te supplie et tu n'entends pas.
Il te cherche partout, et ne te trouve pas.
Il se perd et peut-être tu ne le vois pas.
Pourquoi attends-tu pour le ramener à toi ?

Seigneur, aujourd'hui comme hier et demain, les désespérés crient vers toi.
Devant les dangers, ton peuple a faim, ton peuple a peur, ton peuple a froid.
Écoute les prières qui, du monde entier, montent vers toi.
Aide ceux qui en ont besoin, toi l'Amour, le Bonheur, et la Joie.

Seigneur si parfois on t'oublie, si on ne croit plus que tu es là parmi nous,
ramène-nous à toi, rappelle-nous dans le droit chemin.
Fais-nous revivre lorsque nos vies n'ont plus d'espoir.
Aide-nous à retrouver le sens de notre vie
car nous croyons et nous croirons en toi.

Anne

J'ai interrogé la terre et elle m'a répondu :
« Ce n'est pas moi ton Dieu. »
Tout ce qui vit à sa surface m'a fait la même réponse.
J'ai interrogé la mer et ses habitants, et ils m'ont répondu :
« Nous ne sommes pas ton Dieu, cherche plus haut que nous. »
J'ai interrogé le vent, et il m'a répondu : « Je ne suis pas ton Dieu. »
J'ai interrogé le ciel, le soleil, la lune, les étoiles. Tous m'ont répondu :
« Nous ne sommes pas le Dieu que tu cherches. »
Alors, je leur ai demandé à tous :
« Parlez-moi de mon Dieu, puisque vous ne l'êtes pas,
et dites-moi quelque chose de Lui. »
Et ils m'ont crié de leurs voix puissantes :
« C'est Lui qui nous a faits. »
Pour les interroger, je n'avais qu'à les contempler,
et leur réponse, c'était leur beauté.

Saint Augustin

3

Connais-tu la nouvelle ?

Luc 2, 10 — « Je viens vous annoncer

Des nouvelles,

tu en entends tous les jours à la télévision, à la radio.
Elles sont bonnes ou mauvaises. Il y a les nouvelles
qui font le tour de la Terre, et puis il y a
le secret murmuré à l'oreille par un copain.
Il y a la carte de grand-mère, qui apporte plein
de bises, et qui fait chaud au cœur.
Il y a aussi des faire-part. Tiens, une naissance,
quelle bonne nouvelle !

une bonne nouvelle. »

Une vie commence, une famille s'agrandit !
Noël aussi, c'est la bonne nouvelle d'une naissance
mais c'est une nouvelle incroyable, inouïe.
Dieu se fait tout petit, fragile, inconnu,
il se confie à l'amour d'une femme et d'un homme,
et il vient habiter notre Terre. Regarde, écoute !
Il y a là une nouvelle
merveilleusement bonne pour chaque homme.
Quelque chose d'incroyablement nouveau est caché là.

Découvrons-le ensemble.

EH ! CONNAIS-TU LA

Il était une fois un roi d'une grande bonté. Il avait des valets et une cour nombreuse. Mais dans son palais, il était loin de ses sujets. Il aurait voulu leur dire qu'il les aimait beaucoup ; qu'il souhaitait les connaître et les encourager.

Alors, une nuit lui vient l'idée d'envoyer des messagers dans tout le pays pour annoncer une nouvelle : « Le roi appelle ses sujets à venir le rencontrer. Les portes du palais sont ouvertes. Et chacun peut parler au roi comme il le souhaite. »

Le roi fait battre tambour. Sur les places publiques et dans les ruelles les messagers annoncent la nouvelle ; personne n'écoute, tout le monde court.
Aux villages ils sonnent les cloches mais personne ne vient car les gens travaillent. Ils se déguisent en clown,

NOUVELLE ?

font des pirouettes. Les enfants rient et veulent s'arrêter, mais les parents crient de presser le pas.

Alors, tout tristes, ils reviennent vers le roi raconter ce qui s'est passé.
« Si mes sujets n'écoutent pas, n'entendent pas, c'est sans doute qu'ils m'ont oublié », se dit le roi.

Alors il se met à pleurer et se dit :
« Vers mes sujets je vais aller. Comme eux je m'habillerai, j'écouterai, parlerai, comme si depuis toujours on se connaissait.
Et je dirai : "Connais-tu la nouvelle ?"
"Quelle nouvelle ?" me dira-t-on.
"Celle pour laquelle on a battu le tambour." »

« Alors tout le monde s'interrogera.
"Mais de quelle nouvelle s'agit-il ?"
Et la question se répandra : "Eh ! Connais-tu la nouvelle ?" »

« Alors ils chercheront, ils s'interrogeront. Et un jour peut-être quelqu'un me reconnaîtra. Et ils sauront que je suis là, au milieu d'eux. »

SOMMAIRE

Dossier

Un jour viendra... 62

La véritable histoire de l'histoire 64

Au cœur du visible, l'invisible 68

BD : L'idée géniale de Max 70

La Nativité 71

Évangile

« Un Sauveur nous est né » 72

Prière

Percevoir les secrets de Dieu 76

Dans l'Ancien Testament, Dieu promet et s'engage pour l'avenir.

Un jour viendra…

Dans le peuple juif, des hommes inspirés par l'Esprit de Dieu se lèvent pour parler en son nom. Ils donnent le sens des événements qui arrivent. Ils rappellent que Dieu est vie. Ce sont les prophètes.

« Je serai votre Dieu, et vous serez mon peuple ».

Lévitique 26, 12

« Voici venir des jours, déclare le Seigneur, où je conclurai avec la maison d'Israël et avec la maison de Juda une Alliance nouvelle…
Je mettrai ma loi au plus profond d'eux-mêmes ; je l'inscrirai dans leur cœur. »

Jérémie 31, 31 et 33

« Un rameau sortira de la souche de Jessé, père de David, un rejeton jaillira de ses racines. Sur lui reposera l'Esprit du Seigneur : esprit de sagesse et de discernement, esprit de conseil et de force, esprit de connaissance et de crainte du Seigneur… »

Isaïe 11, 1-2

C'est une longue histoire : le peuple avec qui Dieu a fait alliance n'a pas été fidèle. Il s'est tourné vers les autres dieux. Il s'est donné des idoles. Mais le peuple sait que son Dieu ne l'abandonnera pas. Son Dieu est celui qui l'a libéré d'Égypte, il le libérera encore.
Le prophète Isaïe annonçait :

« Comme il est beau de voir courir sur les montagnes le messager qui annonce la paix, le messager de la bonne nouvelle, qui annonce le salut, celui qui vient dire à la cité sainte : "Il est Roi, ton Dieu" ! » (Isaïe 52, 7)
Dieu tiendra sa promesse de donner une terre, une postérité, le salut, la paix, le bonheur…

Trois mots pour l'avenir

« Notre monde est malade de trop de haine, de trop de violence. Dans quelques années, ce sera à nous d'œuvrer pour la paix. Quel que soit notre âge, notre religion, notre couleur de peau, nos différences, nous devons lutter ensemble, lutter pour la même cause, pour un monde juste et loyal, quelles que soient les circonstances. Qu'un jour, on puisse dire en nous voyant : « Grâce à eux, la paix est assurée ! »
Trop de larmes ont coulé, trop de vies ont cessé. Trois mots peuvent tout résumer : Justice, Paix, Loyauté. »

Isabelle, 12 ans

> **Marc 1, 15**
> Les temps sont accomplis, le règne de Dieu est tout proche.

Dieu régnera, il donnera un Messie à son peuple afin qu'il soit pour toujours le peuple de Dieu.
Au temps de Jésus, les Juifs attendent un libérateur de l'occupation romaine. Ils attendent un roi. Quel sera ce royaume ?
« Le Royaume c'est comme... »

Il n'est pas possible de décrire ce que sera ce monde. Alors Jésus a recours à des récits imagés, des comparaisons.
« Le Royaume est comme un trésor... »
Il est présent au cœur du monde comme un trésor caché qu'il faut rechercher. Déchiffrons les secrets du Royaume.

La véritable histoire de l'histoire

Parabole : ça veut dire que dans une histoire, il y a une autre histoire qui se cache et qui est la véritable histoire de l'histoire.

Le royaume des cieux est comparable à une graine de moutarde qu'un homme a semée dans son champ. C'est la plus petite de toutes les semences, mais, quand elle a poussé, elle dépasse les autres plantes potagères et devient un arbre, si bien que les oiseaux du ciel font leurs nids dans ses branches.

Matthieu 13, 31-32

Les paraboles de Jésus...

Voir *Ta Parole est un Trésor*, pages 326-327 et 532.

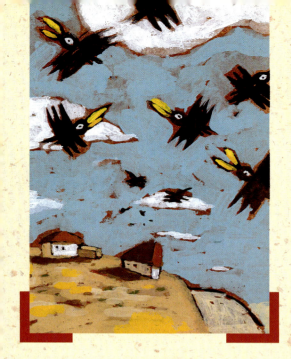

« Voyez les corbeaux :
ils ne font ni semailles
ni moisson,
ils n'ont ni greniers
ni magasins,
et Dieu les nourrit.
Vous valez
tellement plus que
les oiseaux ! »

Luc 12, 24

Le loup habitera avec l'agneau, le léopard se couchera près du chevreau, le veau et le lionceau seront nourris ensemble, un petit garçon les conduira. La vache et l'ourse auront même pâturage, leurs petits auront même gîte. Le lion, comme le bœuf, mangera du fourrage.

Le nourrisson s'amusera sur le nid du cobra, sur le trou de la vipère l'enfant étendra la main. Il ne se fera plus rien de mauvais ni de corrompu sur ma montagne sainte ; car la connaissance du Seigneur remplira le pays comme les eaux recouvrent le fond de la mer.

Ce jour-là, la racine de Jessé, père de David, sera dressée comme un étendard pour les peuples, les nations la chercheront, et la gloire sera sa demeure.

Isaïe 11, 6-10

Le nouveau-né de la crèche
est un cadeau de Dieu pour le monde.
La naissance de Jésus est le premier indice
du Royaume caché.

Ce jour-là, Jésus était sorti de la maison, et il était assis au bord du lac. Une foule immense se rassembla autour de lui, si bien qu'il monta dans une barque où il s'assit ; toute la foule se tenait sur le rivage. Il leur dit beaucoup de choses en paraboles. [...]
Les disciples s'approchèrent de Jésus et lui dirent : « Pourquoi leur parles-tu en paraboles ? » Il leur répondit : « À vous il est donné

Le Royaume des cieux est comparable à
un trésor caché dans un champ ;
l'homme qui l'a découvert le cache de nouveau.
Dans sa joie, il va vendre tout ce qu'il possède,
et il achète ce champ.

Matthieu 13, 44

de connaître les mystères du Royaume des cieux, mais à eux ce n'est pas donné. Celui qui a recevra encore, et il sera dans l'abondance ; mais celui qui n'a rien se fera enlever même ce qu'il a. Si je leur parle en paraboles, c'est parce qu'ils regardent sans regarder, qu'ils écoutent sans écouter et sans comprendre. […]
Mais vous, heureux vos yeux parce qu'ils voient, et vos oreilles parce qu'elles entendent ! »

Matthieu 13, 1 à 3 - 10 à 13 - 16

Le Royaume des cieux est comparable à un négociant qui recherche des perles fines. Ayant trouvé une perle de grande valeur, il va vendre tout ce qu'il possède, et il achète la perle.

Matthieu 13, 45-46

Au cœur du visible, l'invisible

Lorsque l'enfant paraît, le cercle de famille
applaudit à grands cris. Son doux regard qui brille
Fait briller tous les yeux,
Et les plus tristes fronts, les plus souillés peut-être,
Se dérident soudain à voir l'enfant paraître,
Innocent et joyeux.

Il est si beau, l'enfant, avec son doux sourire,
Sa douce bonne foi, sa voix qui veut tout dire,
Ses pleurs vite apaisés,
Laissant errer sa vue étonnée et ravie,
Offrant de toutes parts sa jeune âme à la vie
Et sa bouche aux baisers !

Seigneur ! préservez-moi, préservez ceux que j'aime,
Frères, parents, amis, et mes ennemis même
Dans le mal triomphants,
De jamais voir, Seigneur ! l'été sans fleurs vermeilles,
La cage sans oiseaux, la ruche sans abeilles,
La maison sans enfants !

Victor Hugo

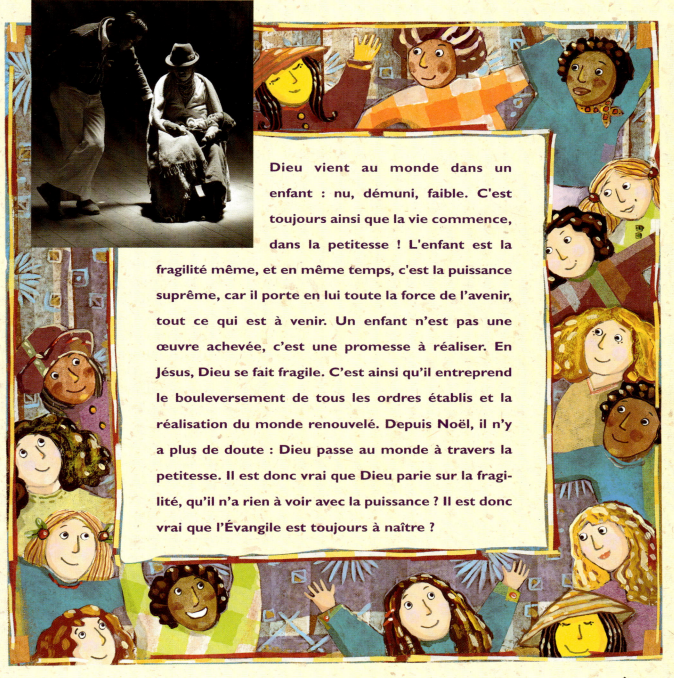

Dieu vient au monde dans un enfant : nu, démuni, faible. C'est toujours ainsi que la vie commence, dans la petitesse ! L'enfant est la fragilité même, et en même temps, c'est la puissance suprême, car il porte en lui toute la force de l'avenir, tout ce qui est à venir. Un enfant n'est pas une œuvre achevée, c'est une promesse à réaliser. En Jésus, Dieu se fait fragile. C'est ainsi qu'il entreprend le bouleversement de tous les ordres établis et la réalisation du monde renouvelé. Depuis Noël, il n'y a plus de doute : Dieu passe au monde à travers la petitesse. Il est donc vrai que Dieu parie sur la fragilité, qu'il n'a rien à voir avec la puissance ? Il est donc vrai que l'Évangile est toujours à naître ?

Les guirlandes, les cadeaux, les lumières : mais après quoi courent les gens ?

L'IDÉE GÉNIALE DE MAX

La Nativité
Noël Coypel, dit le Père (1628-1707)

UN SAUVEUR

ÉVAN

En ces jours-là, parut un édit de l'empereur Auguste, ordonnant de recenser toute la terre. Ce premier recensement eut lieu lorsque Quirinius était gouverneur de Syrie. Et chacun allait se faire inscrire dans sa ville d'origine.

Joseph, lui aussi, quitta la ville de Nazareth en Galilée pour monter en Judée, à la ville de David appelée Bethléem, car il était de la maison et de la descendance de David.

Il venait se faire inscrire avec Marie, son épouse, qui était enceinte. Or, pendant qu'ils étaient là, arrivèrent les jours où elle devait enfanter.

...NOUS EST NÉ

Et elle mit au monde son fils premier-né ; elle l'emmaillota et le coucha dans une mangeoire, car il n'y avait pas de place pour eux dans la salle commune.

Dans les environs se trouvaient des bergers qui passaient la nuit dans les champs pour garder leurs troupeaux. L'ange du Seigneur s'approcha, et la gloire du Seigneur les enveloppa de sa lumière. Ils furent saisis d'une grande crainte, mais l'ange leur dit : « Ne craignez pas, car voici que je viens vous annoncer une bonne nouvelle, une grande joie pour tout le peuple : Aujourd'hui vous est né un Sauveur, dans la ville de David.

Il est le Messie, le Seigneur. Et voilà le signe qui vous est donné : vous trouverez un nouveau-né emmailloté et couché dans une mangeoire. » Et soudain, il y eut avec l'ange une troupe céleste innombrable qui louait Dieu en disant :

« Gloire à Dieu au plus haut des cieux,

et paix sur la terre aux hommes qu'il aime. »

Lorsque les anges eurent quitté les bergers pour le ciel, ceux-ci se disaient entre eux : « Allons jusqu'à Bethléem pour voir ce qui est arrivé, et que le Seigneur nous a fait connaître. »

Ils se hâtèrent d'y aller et ils découvrirent Marie et Joseph avec le nouveau-né couché dans la mangeoire. Après l'avoir vu, ils racontèrent ce qui leur avait été annoncé au sujet de cet enfant. Et tout le monde s'étonnait de ce que racontaient les bergers.

Marie, cependant, retenait tous ces événements et les méditait dans son cœur. Les bergers repartirent : ils glorifiaient et louaient Dieu pour tout ce qu'ils avaient entendu et vu selon ce qui leur avait été annoncé.

Luc 2, 1-20

Vers toi, je lève les yeux

Percevoir les secrets de Dieu

Vers toi, je lève les yeux
sainte Mère de Dieu :
car je voudrais faire de ma maison
une maison où Jésus vienne, selon sa promesse
quand plusieurs se réunissent en son nom.
Tu as accueilli le message de l'ange
comme un message venant de Dieu
et tu as reçu, en raison de ta foi,
l'incomparable grâce
d'accueillir en toi Dieu lui-même.
Tu as ouvert aux bergers puis aux mages
la porte de ta maison
sans que nul ne se sente gêné
par sa pauvreté ou sa richesse.

Sois celle qui chez moi reçoit.
Afin que ceux qui ont besoin
d'être réconfortés le soient ;
ceux qui ont le désir de rendre grâce puissent le faire ;
ceux qui cherchent la paix la trouvent.
Et que chacun reparte vers sa propre maison avec la joie
d'avoir rencontré Jésus lui-même,
Lui, le chemin, la vérité, la vie.

J. Eyquem, o.p.

Par moment, j'aime bien être seul avec Dieu.
Pourtant, Dieu me paraît si loin, si grand.
Mais quand je regarde le bébé de la crèche,
je suis émerveillé. D'autres fois, c'est le souvenir
d'un ami qui me rapproche de lui. Le visage de cet
ami est pour moi le reflet de la présence de Dieu.
Sa paix est avec moi et j'aime prolonger cet instant.

**Toi aussi, tu peux te laisser éblouir
par la lumière d'un visage.
Pour cela, prends ton temps,
choisis de regarder une personne
que tu connais avec les yeux de Jésus.
Tu reconnaîtras en elle un frère,
tu reconnaîtras en elle un fils de Dieu.**

Jésus, ce soir devant la crèche,
je voudrais te confier toutes
les personnes que je connais
et plus particulièrement chacun
des membres de ma famille.
Seigneur, amène à nouveau la paix
en chacun de nos cœurs
pour que les liens qui ont été
brisés se renouent,
pour que l'amour perdu renaisse.

Arnaud

**Seigneur,
au fond de nos cœurs
nous accueillons
la naissance de ton Fils
qui nous fait naître
à la vie nouvelle
de fils et filles de Dieu.
Nous te disons merci
pour ce cadeau
merveilleux.**

Cécilia

Seigneur, Dieu très grand,
tu as pris le cœur
et le même visage que nous
pour qu'une joie se lève
sur les visages
de tous les hommes.

Charles Singer

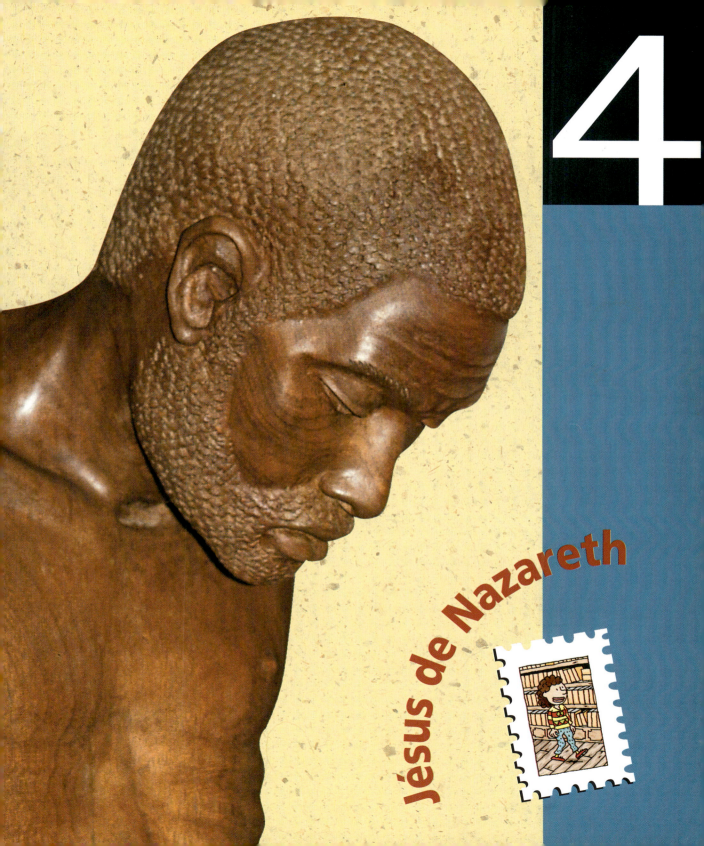

4

Jésus de Nazareth

« On se demandait :

Tu as découvert que la nouvelle,
c'est Jésus.
Mais le connais-tu vraiment ?
Pour connaître quelqu'un, il ne suffit pas d'avoir entendu parler de lui. Il faut aussi connaître son pays, ses amis, son histoire. Les évangiles parlent de la vie de Jésus, de sa naissance, de son enfance,

"Qui est cet homme ?" » Mt 21,10

de son pays, de ses amis, et de
ce que les gens pensaient de lui. Jésus
étonne ceux qui le croisent.
Il a une façon de parler de Dieu, de la vie,
du bonheur, comme personne avant lui.
Alors en route,
partons à sa rencontre.

UN PROF PAS COMME LES

AUTRES

Le cours de sciences naturelles va bientôt commencer et la classe devient subitement silencieuse. Pourquoi ? Si on posait la question aux élèves, ils vous répondraient qu'ils ne savent pas bien pourquoi...

Ils n'ont jamais envie de faire le chahut pendant le cours de monsieur Roch. Et pourtant monsieur Roch n'est pas l'un de ces professeurs sympas que l'on reconnaît à dix kilomètres à la ronde. C'est même le contraire ! Pour commencer, les élèves l'ont surnommé « Gazon » à cause de sa coupe de cheveux particulièrement soignée. Et puis, il y a bien d'autres choses encore... Une fois, Gazon est arrivé en classe en tenue de pêche. On a bien ri. Mais il apportait un magnifique poisson à étudier, et le cours a été très intéressant. Une autre fois, Gazon a commencé son cours à l'envers, par la fin ! Au départ, on ne comprenait rien, mais à l'arrivée, tout est devenu lumineux. Finalement, je crois que toute la classe est d'accord avec ce qu'Isabelle a dit un jour : « Avec Gazon, on ne sait jamais à quoi s'en tenir, on a l'impression qu'il fait tout à l'envers ! Et c'est pourtant avec lui que la classe travaille le mieux. »

SOMMAIRE

Dossier

Jésus, vrai homme	84
Jésus, un homme qui surprend	93
Jésus, le Fils de Dieu	96
Pour vous aujourd'hui, qui est Jésus ?	98
BD : Ruth, l'étrangère	100
Baptême du Christ	101

Évangile

« Vrai homme, vrai Dieu »	102

Prière

Dire Notre Père à Dieu	104

IL A PRIS PLACE DANS

Flavius Josèphe

(37-100)

De son vrai nom Joseph ben Matthias, Flavius Josèphe est un auteur juif d'expression latine du Ier siècle. En 93, il rédige un énorme ouvrage, les *Antiquités judaïques*, dans lesquelles il rappelle la mort de Jésus. Il raconte aussi le martyre de Jacques : « Ananie convoqua une assemblée de juges et amena le nommé Jacques, frère de Jésus dit le Christ, et quelques autres, les accusa d'avoir transgressé la loi et les livra à la lapidation. »
Antiquités judaïques, XX, 200

Pline le Jeune

(61-114)

Entre 111 et 113, Pline le Jeune envoie un rapport à l'empereur Trajan sur les chrétiens : « Ils ont l'habitude de se réunir avant le jour à jour fixe, pour dire au Christ, considéré comme Dieu, un chant alterné et s'engager par serment non à commettre quelque crime mais à s'abstenir du vol, du meurtre, de l'adultère, de l'infidélité. »
Lettre à Trajan, X, 96

En dehors des évangélistes, deux historiens romains (Tacite et Suétone), un historien juif (Josèphe) et un écrivain romain (Pline le Jeune) ont écrit sur Jésus, aux Ier et IIe siècles après sa mort.

Peut-être trouvons-nous que cela fait bien peu de monde…

Au contraire, c'est beaucoup pour ce Jésus de Nazareth qui a vécu presque inconnu, dans l'ombre, loin de l'actualité, dans un petit pays, un pays divisé et dominé par Rome.

Jésus, vrai homme

L'HISTOIRE

Les Dates
DE NAISSANCE ET DE MORT DE JÉSUS

Les évangiles disent que la naissance de Jésus s'est passée « aux jours d'Hérode ». On a essayé de calculer la date à partir de ce renseignement. Le calcul donne : un peu avant l'an 4 avant Jésus-Christ. D'autres calculs sont possibles... Il peut paraître bizarre que Jésus soit né « avant Jésus-Christ », c'est la conséquence d'une erreur du moine Denys qui a fait ce calcul le premier au VIe siècle.

On a davantage d'indices pour dire que Jésus est mort un vendredi après-midi, le 7 avril de l'an 30 ; certains pensent que la date du vendredi 3 avril 33 est possible aussi.

DÉCOUVERTES ARCHÉOLOGIQUES

Les archéologues ne cessent de faire des découvertes qui nous renseignent sur la vérité historique du témoignage de foi que sont les évangiles. Par exemple :

— les fouilles sur l'emplacement du Golgotha (voir *Ta Parole est un Trésor*, page 507) à Jérusalem ont montré que c'était bien un lieu d'exécution ;

— la piscine dont parle saint Jean (5, 2) a été découverte à Bezatha ;

— les restes d'un crucifié ont été retrouvés dans une caverne. Il ne s'agit pas de Jésus, mais nous pouvons ainsi nous faire une idée de la mise en croix à son époque...

IL A PRIS PLACE DANS

Jésus, un enfant

Jésus vécut comme les autres garçons de Nazareth de son époque ; son enfance fut peu différente de celle que connaissent encore aujourd'hui bien des enfants du Proche-Orient. Au temps de Jésus, les habitants de Galilée parlent l'araméen (abba = papa ; imma = maman) et un peu de grec populaire (Christ = celui qui a reçu l'onction d'huile ; Kyrie eleison = Seigneur, prends pitié) qui est la langue internationale (un peu comme l'anglais aujourd'hui). À la synagogue, les lectures sont faites en hébreu (Messie = celui qui a reçu l'onction d'huile ; Alléluia = louez Dieu ; Amen = c'est vrai ; Hosanna = viens à l'aide ; Rabbi = maître).

Jésus a appris ces langues dans sa famille, en même temps que les règles de vie quotidienne, et à la synagogue qui était un lieu de prière et de formation. Les enfants, assis par terre autour du maître, apprenaient à lire dans la Bible en l'apprenant par cœur, un peu comme les jeunes musulmans à l'école coranique aujourd'hui.

Jésus a aussi appris le métier de Joseph, dans son atelier, car les fils aînés apprenaient le métier de leur père : « Qui n'enseigne pas un métier à son fils, c'est comme s'il en faisait un brigand », disait-on… Les métiers manuels étaient très honorés, et particulièrement celui de charpentier.

Les pèlerinages au Temple de Jérusalem avaient une très grande importance surtout pour la fête de la Pâque, la fête de la Pentecôte et la fête des Tentes.

UN PEUPLE

Jésus, un juif

Quand nous prononçons le nom de Jésus, nous avons le sentiment d'employer un prénom très catholique et bien intégré à notre culture. En réalité, nous l'appelons ainsi à travers des traductions grecques et latines, mais ses parents et ses disciples l'appelaient Ieshoua ou Ieshou (en dialecte de Galilée) ou encore Ieshoua ben Joseph, c'est-à-dire Jésus fils de Joseph.

Jésus appartient à un peuple, le peuple d'Abraham et de Moïse, le peuple de l'Alliance, le peuple élu, le peuple juif. Les évangiles disent que – huit jours après sa naissance – Jésus est circoncis, comme tous les garçons juifs. Il fréquente la synagogue, connaît la loi juive, les prophètes. Il suit les obligations de la religion juive.

Et les juifs reconnaissent Jésus comme l'un des leurs. C'est un juif très fervent qui écrivait en 1899 : « Jésus est l'âme de notre âme, comme il est la chair de notre chair. » Et un autre en 1952 : « Depuis ma jeunesse, j'ai reconnu Jésus comme mon grand frère. »

IL A HABITÉ UN PAYS

Le pays où naît Jésus est un très petit pays, 300 kilomètres de long sur 40 de large, mais c'est un passage entre l'Afrique et l'Orient que toutes les grandes puissances ont occupé tour à tour en y laissant des traces : les Phéniciens, les Assyriens, les Égyptiens, les Perses, les Grecs... Après la victoire de Pompée (63 avant Jésus-Christ) le pays est dominé par les Romains, qui règnent alors sur un empire immense, de l'Espagne à la mer Noire, de la Grande-Bretagne à l'Afrique du Nord. La Judée, la Samarie, la Galilée sont donc, de manières différentes, des provinces colonisées par Rome : la contestation y gronde.

La **Judée** est entièrement peuplée de Juifs ; Judée signifie « le pays juif ». Jésus la fréquente moins que la Galilée, et dans l'évangile selon saint Jean on appelle « Juifs » ceux qui s'opposent à Jésus.

Bethléem est le village du roi David, donc, selon l'Écriture, là où doit naître le Messie. Les flancs des collines sont creusés de grottes utilisées par les bergers. Aux portes de Bethléem, commence le désert de Juda, un moutonnement de collines arides.

Jérusalem est dominée par l'énorme masse du Temple (il sera détruit en l'an 70 par les Romains). Elle compte 30 000 habitants au temps de Jésus et accueille pour la Pâque plus de 80 000 pèlerins.

Le **Jourdain** serpente dans une dépression qui borde le pays à l'est.

La **Samarie** : les Samaritains n'ont vraiment pas bonne réputation auprès des Juifs. Ils sont considérés comme traîtres et hérétiques. C'est pourquoi – lorsque Jésus traverse la Samarie – il ne trouve pas d'accueil (Luc 9, 52-53) et une femme hésite à lui donner de l'eau (Jean 4, 9). Pourtant Jésus fait l'éloge des Samaritains et les donne pour modèles, ce qui choque les Juifs.

La **Galilée** est un pays rude, un pays de cailloux et de têtes dures (comme Pierre). L'acharnement des hommes y a planté un foisonnement de villages et de vallons fertiles. La Galilée n'est pas seulement peuplée de Juifs ; il y a beaucoup d'étrangers, d'où son surnom « la Galilée des nations » (Matthieu 4, 15), c'est-à-dire terre de païens. Les Galiléens passent pour agités et révoltés, et ils ne sont pas très stricts dans leur façon d'observer la religion. Les habitants de Judée attribuent à Jésus tous les défauts des Galiléens et dès le départ sa réputation n'est pas très bonne (Jean 7, 52).

Nazareth est un pauvre village agricole de 150 habitants. C'est la patrie de Jésus (Marc 6, 1 ; Luc 4, 16 ; Jean 1, 46). Il y a vécu jusqu'à l'âge de trente ans.

Le **lac de Tibériade** ou de Génésareth, qu'on appelle encore mer de Galilée, est le paysage même de l'Évangile !

Capharnaüm : ce village de pêcheurs, avec la maison de Simon-Pierre, est le « camp de base » de Jésus, « sa ville » (Matthieu 9, 1). Jésus évite les villes romaines, il est enraciné dans le monde des pauvres.

La **Méditerranée** n'intéresse pas les Juifs qui ne sont pas des marins.

LE PAYS DE JÉSUS AUJOURD'HUI

Capharnaüm est une cité disparue : ce n'est plus qu'un champ de fouilles pour les archéologues, qui ont mis au jour les vestiges du village dont parlent les évangiles.

Nazareth est une ville arabe de 40 000 habitants.

Naplouse a remplacé Sichem. Là vivent les 350 derniers Samaritains qui parlent l'arabe mais prient en hébreu.

Bethléem est une ville de 20 000 habitants, musulmans et chrétiens. Il y a une église de la Nativité et un hôpital où l'on soigne les enfants déshérités et abandonnés.

Jérusalem est la capitale spirituelle des trois grandes religions monothéistes : judaïsme, islam et christianisme. Mais elle n'est toujours pas « la ville de la Paix ».

La terre où vécut Jésus n'a pas cessé d'être un point brûlant et douloureux de la planète. Depuis le Ier siècle, elle connaît les bouleversements dus à des occupations successives (les Romains, les Arabes, les Croisés, les Turcs, les Anglais).

Au début du XXe siècle, les Juifs dispersés dans le monde entier aspirent à retrouver un foyer national en Palestine. Certains d'entre eux vont s'installer en Palestine, mais les années passent sans que ce souhait se réalise. Puis c'est le génocide causé par le nazisme. Après la guerre, les Juifs sont de plus en plus nombreux à partir s'installer en Palestine.

En 1947, l'ONU adopte un plan de partage entre Juifs et Palestiniens. La naissance du nouvel État d'Israël déclenche guerres, exil des Palestiniens, occupations de territoires, camps d'internement. Cette terre connaît la violence mais aussi l'enthousiasme des colons juifs.

En 1978, ont lieu les accords de Camp David entre Anouar el-Sadate, président de l'Égypte, et Menahem Begin, Premier ministre d'Israël.

En 1993, un espoir naît : la poignée de mains entre Yasser Arafat, chef des Palestiniens, et Yitzhak Rabin, Premier ministre d'Israël, est comme une promesse de paix et de justice pour l'avenir de ces deux peuples. Depuis, un « processus de paix » est engagé mais cela ne va pas sans difficultés.

Jardin des Oliviers

Désert de Judée

À pied sur les chemins de Jésus

Faire un camp de jeunes en Terre sainte. Partir en Terre promise, terre de la Bible et des ancêtres. Découvrir un berceau de notre civilisation et la source de notre foi. Rencontrer des juifs, des musulmans, des orthodoxes, des druzes. Partager. Travailler sur le chantier de la paix. Marcher et chercher sur les traces de Jésus de Nazareth. Faire route avec le Christ, le Fils de Dieu fait homme. Près du lac de Galilée, partager le pain et le poisson. Sur le mont des Béatitudes, vivre le sacrement de réconciliation. Sur le mont Thabor, contempler la Galilée. Rencontrer les Scouts de Bethléem. Faire la dernière marche du Christ, dans le désert de Judée, entre Jéricho et Jérusalem. Faire une nuit de veille au Jardin des Oliviers. Comprendre le message que Dieu adresse aux hommes de cette terre. Voilà ce que nous avons vécu. Expérience inoubliable.

Des Scouts de France (branche Compagnons)

Lac de Tibériade

Jérusalem

Un avenir tout neuf

Jamais homme n'a respecté les autres comme cet homme... En celui qu'il rencontre, il voit toujours un extraordinaire possible, un avenir tout neuf, malgré le passé.

Il ne dit pas : cet homme n'est qu'un fonctionnaire véreux qui s'enrichit en flattant le pouvoir et en saignant les pauvres. **Il s'invite** à sa table et assure que sa maison a reçu le salut (Luc 19, 1-10).

Il ne dit pas : ce savant n'est qu'un intellectuel. **Il lui ouvre** la voie vers une renaissance spirituelle (Jean 3, 1-21).

Il ne dit pas : cette vieille qui met son obole dans le tronc pour les œuvres du temple est une superstitieuse. **Il dit** qu'elle est extraordinaire et qu'on ferait bien d'imiter son désintéressement (Marc 12, 41-44).

Il ne dit pas : celle-là qui cherche à toucher son manteau n'est qu'une hystérique. **Il l'écoute**, lui parle et la guérit (Luc 8, 43-48).

Il ne dit pas : cet individu n'est qu'un hors-la-loi. **Il lui dit** : aujourd'hui, tu seras avec moi dans le Paradis (Luc 23, 39-43).

Il ne dit pas : ces enfants ne sont que des gosses. **Il dit** : laissez-les venir à moi et tâchez de leur ressembler (Matthieu 19, 13-15).

Il ne dit pas : ce Judas ne sera jamais qu'un traître. **Il l'embrasse** (Matthieu 26, 50).

Il ne dit pas : cette femme est volage, légère, sotte, ce n'est qu'une femme. **Il lui demande** un verre d'eau et il engage la conversation (Jean 4, 1-42).

D'après le Cardinal A. Decourtray

Jésus est un juif comme les autres et pourtant différent. Ses actes et ses paroles bousculent certains de ses contemporains, juifs comme lui.

Ils ne reconnaissent pas en Jésus le Messie qu'ils attendent et le mettent à mort. « Il est venu chez les siens, et les siens ne l'ont pas reçu » (Jean 1, 11).

Ses disciples, juifs aussi, le regardent différemment ; la foi change toute leur interprétation de la personne de Jésus et de son message.

Jésus, un homme qui surprend

Sur les che

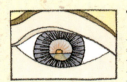

Sur les chemins de Galilée
Sur les collines de Judée
Par tes cinq sens, tu as vibré
Au monde où tu t'es incarné.
Par nos corps à ton corps pareil,
Tiens-nous chaque jour en éveil,
Ouverts à ce qui nous révèle
La vie, ta vie qui nous appelle !

Tes yeux ont su s'émerveiller
À toute vie, toute beauté :
La source et le désert,
Les forêts et les mers,
Le renard et l'oiseau,
L'ânon et le troupeau,
Les bras des travailleurs,
Paysans et pêcheurs,
Douaniers et vignerons,
Soldats et forgerons,
Visages regardés
Tout aussitôt aimés,
Petit homme perché
Et foules sans berger,
Veuve offrant son obole,
Enfants que l'on isole.
Ouvre nos yeux à ta lumière,
Lampe du corps qui nous éclaire,
Pour découvrir qu'au fond des cœurs
Tu es présent et plein d'ardeur !

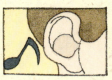

Oreilles tu as su prêter
À toute vie, toute beauté :
La Torah proclamée,
La musique jouée,
La harpe et la cithare,
Les psaumes, les histoires,
Les larmes des semeurs,
Les chants des moissonneurs,
Les paroles, les cris,
Tous les mots qu'on t'a dits,
Qui signifiaient la peur,
L'abandon, la douleur,
Qui témoignaient la foi
Et la confiance en Toi,
Les appels, l'espérance,
Mais aussi les silences.
Que nos oreilles soient ouvertes
À toute voix, parole offerte,
Pour écouter du fond du cœur
Ce que tu dis du vrai bonheur !

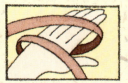

Ta peau, ta main t'ont renseigné
Sur toute vie, toute beauté :
La chaleur du soleil
Et le froid du réveil,
Caresses d'une mère,
Flammes chauffant la pierre,
Le sol où tu dessines
La nappe où tu dînes

...mins de Galilée

L'outil du charpentier,
L'eau où tu fus plongé
Livre aux pages tournées,
Fillette de la mort relevée,
Gâteau que l'on découpe,
La forme d'une coupe,
Le lépreux embrassé
Et l'aveugle touché.
À ton contact, tout est possible.
Rends nos rencontres plus sensibles.
Viens nous toucher au fond du cœur,
Pour t'accueillir de l'intérieur.

Au fil des jours tu as goûté
À toute vie, toute beauté :
Poissons de Tibériade,
Figues, dattes, grenades,
L'amande, le raisin
Et la miche de pain,
La galette qui craque
Et l'agneau de la Pâque ;
Tu t'es désaltéré :
L'eau du puits t'a comblé,
Celle de la fontaine
De la Samaritaine ;
Tu as connu la faim
Et la fête et le vin,
Sur la croix du supplice
Le fiel pour seul délice.

Donne le goût de la vraie vie ;
Que nous soyons eucharistie !
Viens rassasier tout notre cœur
Et nous combler en profondeur !

Arômes, tu as respirés,
À toute vie, toute beauté :
Feu de bois et fumée,
Le pain de la fournée,
Battages et moissons,
Fumet de la cuisson,
Les onguents et les baumes,
La résine et la gomme,
La senteur qu'on aspire
Du myrte et de la myrrhe
Et le parfum versé
De l'hospitalité
Par la femme aux péchés
Aussitôt pardonnés,
L'encens de la prière
Qui monte vers le Père.
Fais que ta vie en nous respire
Et que ton souffle nous inspire,
Imprègne-nous au fond du cœur
Pour que nous portions ton odeur !

Extrait d'un chant de J.-M. Hadrot

C'est chez mon Père que je dois être

Quand il eut douze ans, ils firent le pèlerinage suivant la coutume. Comme ils s'en retournaient à la fin de la semaine, le jeune Jésus resta à Jérusalem sans que ses parents s'en aperçoivent. Pensant qu'il était avec leurs compagnons de route, ils firent une journée de chemin avant de le chercher parmi leurs parents et connaissances. Ne le trouvant pas, ils revinrent à Jérusalem en continuant à le chercher.
C'est au bout de trois jours qu'ils le trouvèrent dans le Temple, assis au milieu des docteurs de la Loi : il les écoutait et leur posait des questions, et tous ceux qui l'entendaient s'extasiaient sur son intelligence et sur ses réponses. En le voyant, ses parents furent stupéfaits, et sa mère lui dit : « Mon enfant, pourquoi nous as-tu fait cela ? Vois comme nous avons souffert en te cherchant, ton père et moi ! » Il leur dit : « Comment se fait-il que vous m'ayez cherché ? Ne le saviez-vous pas ? C'est chez mon Père que je dois être. » Mais ils ne comprirent pas ce qu'il leur disait.
Il descendit avec eux pour rentrer à Nazareth, et il leur était soumis. Sa mère gardait dans son cœur tous ces événements. Quant à Jésus, il grandissait en sagesse, en taille et en grâce, sous le regard de Dieu et des hommes.

Luc 2, 42-52

**Jésus a douze ans... Quelque chose s'achève...
Autre chose commence...
Sa mère ne l'appellera plus « mon petit ».**

France Quéré

Quand Jésus parle à Dieu,
il ne s'adresse pas à quelqu'un de très haut et de lointain.
Il l'appelle "Abba", c'est-à-dire papa.

Cette familiarité souligne la qualité du lien qui unit Jésus
à son Père, il nous invite à entrer dans cette familiarité.
Jésus n'appartient à personne.

Il désigne chaque homme comme son frère. Il est libre.
Il va et ne se laisse arrêter ni par l'amour,
ni par l'incompréhension.

Jésus, le Fils de Dieu

Jésus le Fils bien-aimé de Dieu

Avec Jésus nous sommes tous frères

Alors Jésus, arrivant de Galilée, paraît sur les bords du Jourdain, et il vient à Jean pour se faire baptiser par lui. Jean voulait l'en empêcher et disait : « C'est moi qui ai besoin de me faire baptiser par toi, et c'est toi qui viens à moi ! » Mais Jésus lui répondit : « Pour le moment, laisse-moi faire ; c'est de cette façon que nous devons accomplir parfaitement ce qui est juste. » Alors Jean le laisse faire. Dès que Jésus fut baptisé, il sortit de l'eau ; voici que les cieux s'ouvrirent, et il vit l'Esprit de Dieu descendre comme une colombe et venir sur lui. Et des cieux, une voix disait : « Celui-ci est mon fils bien-aimé ; en lui j'ai mis tout mon amour. »

Matthieu 3, 13-17

Matthieu 12, 50
« Celui qui fait la volonté de mon Père qui est aux cieux, celui-là est pour moi un frère, une sœur et une mère. »

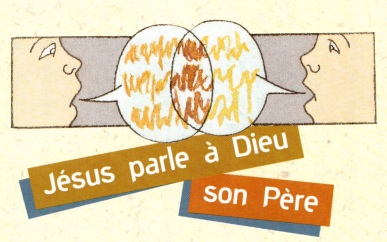

Jésus parle à Dieu son Père

À ce moment, Jésus exulta de joie sous l'action de l'Esprit Saint, et il dit : « Père, Seigneur du ciel et de la terre, je proclame ta louange : ce que tu as caché aux sages et aux savants, tu l'as révélé aux tout-petits. Oui, Père, tu l'as voulu ainsi dans ta bonté. »

Luc 10, 21

Romains 8, 29
« Jésus est l'aîné d'une multitude de frères. »

2 Corinthiens 6, 18
« Je serai pour vous un père, et vous serez pour moi des fils et des filles, dit le Seigneur tout-puissant. »

Pour vous aujourd'hui, qui est Jésus ?

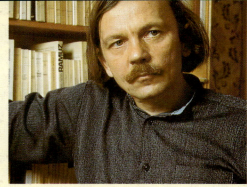

« Jésus est un ami, une personne à qui je peux me confier dans la prière. Je lui parle comme à un copain, je lui confie mes secrets. C'est une personne très grande, la lumière vers qui je marche malgré les difficultés. Je crois qu'il est Dieu, et je le cherche encore. »

Gwenaelle, sixième

« De même que dans les yeux des enfants, on découvre parfois le sourire des parents, le Christ est celui qui me fait entrevoir Dieu. Pour bien voir une chose, il faut toujours en regarder une autre, où la première se reflète. Par exemple, pour voir le vent, il faut contempler le mouvement des rides sur l'eau d'un étang. Eh bien ! pour découvrir Dieu, il suffit de regarder le visage de Christ, et pour voir son visage, il suffit d'écouter sa parole si simple, et si proche d'une vieille chanson française : « Il y a longtemps que je t'aime, jamais je ne t'oublierai... » Voilà ce que nous dit Jésus et Dieu à travers lui : rien de plus et cela suffit pour tout. »

Christian Bobin, écrivain français contemporain

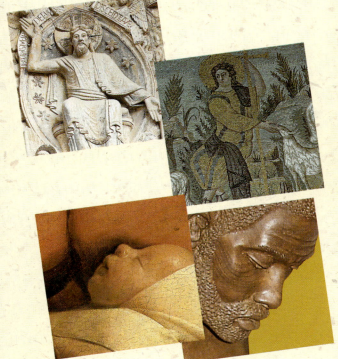

« Pour moi, qui est Jésus ? Il est vrai Dieu et vrai homme. Vrai Dieu, dans son infinie bonté, il a voulu partager avec une infinité d'êtres, les hommes, son bonheur d'aimer. Sans liberté, il n'y a pas d'amour, c'est pourquoi il nous a créés libres de l'accepter ou de le refuser. Par manque de confiance en lui, par orgueil, par désespoir, notre tendance naturelle est au refus. Il le savait et pour nous montrer le chemin, il a accepté de se faire homme.
Vrai homme, il est notre guide quand il accepte jusque dans la mort la volonté de Dieu son Père. Son plus important message est dans la prière qu'il nous a enseignée : « Que ta volonté soit faite. » »

Philippe Morillon, général français

« Jésus, c'est pour moi avant tout la période magique de Noël, véritable fête de tous les enfants, et aussi celui à qui je me confiais lorsque, enfant, j'avais des problèmes. »

Marie-Jo Pérec, athlète française

Marc 9, 7

« Celui-ci est mon Fils bien-aimé. Écoutez-le. »

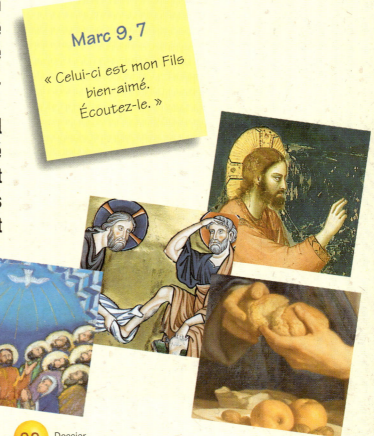

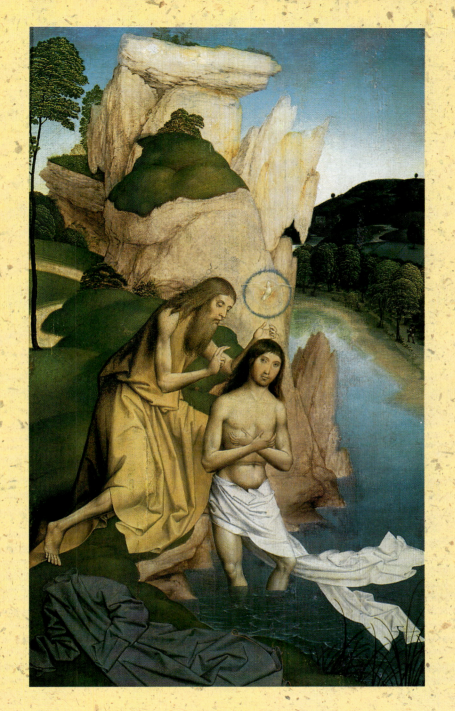

Baptême du Christ

Rueland Frueauf (1470-1545)

VRAI HOMME,
ÉVAN

Voici la table des origines de Jésus Christ,
fils de David, fils d'Abraham :
Abraham engendra Isaac,
Isaac engendra Jacob,
Jacob engendra Juda et ses frères,
Juda, de son union avec Thamar,
engendra Pharès et Zara,
Pharès engendra Esrom,
Esrom engendra Aram,
Aram engendra Aminadab,
Aminadab engendra Naassone,
Naassone engendra Salmone,
Salmone, de son union avec Rahab,
engendra Booz,
Booz, de son union avec Ruth,
engendra Jobed,
Jobed engendra Jessé,
Jessé engendra le roi David.

David, de son union avec la femme d'Ourias,
engendra Salomon,
Salomon engendra Roboam,
Roboam engendra Abia,
Abia engendra Asa,
Asa engendra Josaphat,
Josaphat engendra Joram,
Joram engendra Ozias,
Ozias engendra Joatham,
Joatham engendra Acaz,
Acaz engendra Ézéchias,

VRAI DIEU

Ézéchias engendra Manassé,
Manassé engendra Amone,
Amone engendra Josias,
Josias engendra Jékonias et ses frères
à l'époque de l'exil à Babylone.

Après l'exil à Babylone,
Jékonias engendra Salathiel,
Salathiel engendra Zorobabel,
Zorobabel engendra Abioud,
Abioud engendra Eliakim,
Eliakim engendra Azor,
Azor engendra Sadok,
Sadok engendra Akim,
Akim engendra Elioud,

Elioud engendra Eléazar,
Eléazar engendra Mattane,
Mattane engendra Jacob,
Jacob engendra Joseph, l'époux de Marie,
de laquelle fut engendré Jésus,
que l'on appelle Christ (ou Messie).

Le nombre total des générations est donc :
quatorze d'Abraham jusqu'à David,
quatorze de David jusqu'à l'exil à Babylone,
quatorze de l'exil à Babylone jusqu'au Christ.

Matthieu 1, 1-17

Notre Père

Dire Notre Père à Dieu

Notre Père qui es aux cieux
Que ton nom soit sanctifié
Que ton règne vienne
Que ta volonté soit faite
Sur la terre comme au ciel.

Donne-nous aujourd'hui
Notre pain de ce jour,
Pardonne-nous nos offenses
Comme nous pardonnons aussi
À ceux qui nous ont offensés,
Ne nous soumets pas à la tentation
Mais délivre-nous du mal

Car c'est à toi qu'appartiennent
Le règne, la puissance et la gloire
Pour les siècles des siècles.

Amen

J'ai toujours quelque chose
à demander à Dieu :
la réussite d'un projet, la guérison
d'un ami, une répartition plus juste
de la nourriture dans le monde,
le sourire de quelqu'un avec qui je suis fâché.
Je suis sûr qu'il prendra en compte ma demande.
Mais je sais aussi qu'il me donnera
ce qui est le meilleur pour moi,
même si c'est différent de ce que j'attends.

Toi aussi, tu peux penser
aux événements du monde,
à tout ce qui s'est passé dans ta journée,
aux personnes que tu as rencontrées.
Parles-en à Dieu, n'hésite pas
à faire appel à lui.
Ton bonheur et celui des hommes l'intéressent.
Demande-lui ce qui est nécessaire
pour rendre les hommes heureux,
pour te rendre heureux.

Christ,
tout au long de ta vie,
tu as fait place aux humbles.
À tous ceux qui se présentaient
à toi sur fond de manque,
en quête d'autre chose,
tu as donné la grâce de ta paix.
Que ta paix qui comble les humbles
et ouvre au Royaume
gagne toute notre vie
et toute la terre.

Philippe

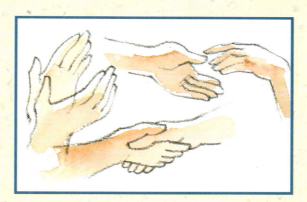

Jésus, tu es toujours présent au milieu de notre vie.
Aide-nous à te reconnaître en chacun de nous.
Aide-nous à rester à l'écoute de tout ce qui se passe et se dit dans le monde.
Nous te rendons grâce pour tout ce qui est beau, merveilleux dans la vie.
Loué sois-tu !

Un groupe de sixième

Père, je te rends grâce
parce que tu m'as exaucé.
Je savais bien, moi, que tu m'exauces
toujours, mais si je t'ai parlé,
c'est pour cette foule
qui est autour de moi, afin qu'ils croient
que tu m'as envoyé.

Jean 11, 41-42

5
La parole qui donne vie

JEAN 20, 31 « Ces signes ont été mis par   et, que par votre foi

Tu le sais sans doute, Jésus n'a rien écrit lui-même.
Et pourtant, à ceux qui l'avaient connu et
aux premières communautés chrétiennes,
l'Esprit de Jésus ressuscité a vite fait comprendre
qu'il fallait écrire ce que Jésus avait dit,
ce qu'ils avaient vécu avec lui, ce qu'ils croyaient
de lui, pour que ceux qui viendraient
après puissent retrouver ces paroles,

écrit, afin que vous croyiez...
vous ayez la vie...»

les réentendre, les redire. À cette époque,
on écrivait peu, seulement ce qui était très important,
très précieux. Ces paroles ne sont pas devenues
de vieux mots enfouis dans des livres poussiéreux.

Elles sont restées vivantes,
elles ont fait vivre et font toujours vivre
beaucoup d'hommes et de femmes.

Jésus nous parle aujourd'hui, écoutons-le.

L'HISTOIRE SANS FIN

Un livre qui ne se terminerait jamais ? Que rêver de mieux lorsque, comme Bastien Balthasar Bux, on cherche à oublier une vie devenue si triste depuis que sa mère est morte. Son père n'est plus qu'une ombre ; et lui, désormais, il en est sûr, il n'arrivera jamais à rien. Il est aussi mauvais en maths qu'en géo, aussi nul au foot qu'à la course. Et puis, pourquoi est-ce que c'est toujours lui que les élèves de sa classe coincent dans les couloirs pour lui faire les pires vacheries ?
« Les personnages d'un livre sont-ils encore vivants quand le livre est fermé ? » se demande Bastien en lisant avec curiosité ce titre étrange et attirant : *L'Histoire sans fin*… Il faut absolument qu'il sache ce qu'il en est. Alors, il dérobe l'ouvrage chez le bouquiniste. Aujourd'hui, il n'ira pas en classe.

« Tout ce qui est dedans, il faut le lire, pour le vivre ! » Dès les premières lignes, Bastien est happé par le Pays Fantastique. C'est un territoire où tout semble possible et qui est habité par d'étranges personnages : des faunes et des elfes, des mange-pierres, des rochers errants, des animaux-flûtes… des fourmis de cuivre… de petits hommes chevauchant des scarabées…
Bastien devient un héros fort et courageux. Avec Atréju et Fuchur, le dragon blanc de la Fortune, il brave mille dangers. Un bijou magique les protège. Ensemble, ils vivent une aventure extraordinaire. Alors Bastien sauve le Pays Fantastique. Il guérit la petite Impératrice d'une maladie mortelle. Désormais, il sait qu'il est unique et irremplaçable, et que son imagination, tout comme cette histoire, est sans limite. Bastien sait aussi que, toute sa vie, il reviendra, en pensée, au Pays Fantastique. Maintenant, il est temps pour lui de retrouver qui il est véritablement. Il boit alors l'Eau de la Vie à sa source. Grâce à ce voyage, il a découvert la valeur de son existence. Elle ne sera plus jamais comme avant… lui non plus.
Il faut vite qu'il aille raconter ça à son père !

D'après *L'histoire sans fin* de Michael Ende

SOMMAIRE

Dossier

Des évangiles, comment ?	112
Quatre évangiles, pourquoi ?	114
Quatre évangiles, Une Bonne Nouvelle	116
Une parole nourrissante	118
Une parole efficace	120
BD : Des copains très étonnés	124
Les Quatre Évangélistes	125

Évangile

« Donner du fruit »	126

Prière

Louer Dieu	128

C'est comme le développe

Des évangiles, comment ?

Étape 1

Pendant deux ou trois ans, les disciples ont partagé la vie de Jésus. Ils ont marché à ses côtés, l'ont écouté enseigner les foules, l'ont vu guérir les lépreux ou les paralytiques…

Mais Jésus meurt sur une croix, il est mis au tombeau : les disciples sont désorientés.

Impression

Les disciples ont été « impressionnés » par des gestes et des mots du Christ. Comme sur une pellicule, les clichés sont gravés, mais il est trop tôt pour les voir.

Étape 2

Voici que des femmes annoncent cette nouvelle extraordinaire : Jésus est ressuscité, Jésus est là, debout devant les disciples !

Dans les jours qui suivent la Pentecôte, un groupe d'hommes et de femmes se constitue. Ils vivent de l'Esprit de Jésus de Nazareth, proclament qu'il est le Messie et que Dieu l'a délivré de la mort, prient, chantent, méditent les Écritures, et partagent le pain.

Révélation

Dès lors, tous les gestes et toutes les paroles que les disciples avaient enregistrés prennent une autre valeur grâce au « révélateur » qu'est pour eux l'Esprit de Jésus ressuscité. La pellicule est développée, elle ne risque plus de se voiler : des images vont paraître.

ment d'une photographie

Envoyés par le Christ, les disciples se dispersent et témoignent de la Bonne Nouvelle. Ils fondent des communautés, d'abord dans leurs pays, puis, poussés par les difficultés et les persécutions, dans le monde grec et jusqu'à Rome.

La vie des communautés animées par l'Esprit de Jésus ressuscité joue le rôle d'un agrandisseur qui permet des tirages différents d'une même photo : telle communauté privilégiera un gros plan, une autre, une vision plus large...

Les communautés autour de Matthieu, Marc, Luc et Jean écrivent.

Les auteurs des évangiles disposent alors d'une grande collection de photos : ils font un choix dans les clichés, ils les regroupent par genre (récits de miracles, recueils de paroles, paraboles...) ; ils font des séquences incluant des paysages, des portraits... Puis, comme on classe des photos pour réaliser un montage, chacun bâtit un scénario pour rédiger son évangile.

Vers la fin du 1er siècle, au moment où les apôtres vont disparaître, il devient nécessaire de mettre leurs souvenirs par écrit. Telle fut l'origine des évangiles.

Quatre évangiles, pourquoi ?

L'évangile selon saint Marc

Cet évangile, écrit à Rome vers 65, s'adresse à des chrétiens qui ne sont pas d'origine juive. Il veut faire comprendre que Jésus est vraiment le Fils de Dieu, venu sauver les hommes.

Qui est Marc ?

Juif de Jérusalem, j'ai été compagnon de Paul avec mon cousin Barnabé. J'ai aussi été celui de Pierre que j'ai rejoint à Rome et qui m'a communiqué les informations nécessaires à la rédaction de mon livre. J'ai essayé de l'écrire dans un langage simple et concret.

L'évangile selon saint Matthieu

Cet évangile, écrit vers 80-85, s'adresse surtout à des chrétiens d'origine juive. Il veut montrer que Jésus est le Messie, annoncé dans les Écritures. Il établit le lien entre l'Ancien et le Nouveau Testament.

Qui est Matthieu ?

Cet évangile a été écrit en grec et contient un premier évangile hébreu rattaché à l'apôtre Matthieu, collecteur d'impôts, juif. Il connaît bien les Écritures et insiste pour dire que Jésus est venu aussi pour les païens.

Dans les premières communautés de chrétiens, quatre évangélistes, dont on a conservé les textes, racontent la vie de Jésus pour dire leur foi.

L'évangile selon saint Luc

Cet évangile, écrit vers 80-85, s'adresse à des gens cultivés, à des Grecs. Il veut montrer la tendresse de Dieu pour tous les petits et les rejetés.

Qui est Luc ?

Grec d'Antioche, j'ai étudié la médecine puis rencontré Paul et Barnabé qui m'ont parlé de Jésus. Je n'ai pas connu directement Jésus le ressuscité, mais je me suis informé auprès des témoins pour écrire mon récit. J'ai aussi rédigé le livre des Actes des Apôtres.

L'évangile selon saint Jean

Cet évangile a été écrit à Éphèse (Turquie) vers 90 environ. Il est composé de façon originale, avec beaucoup d'images symboliques. Jésus est la lumière, l'eau, le pain de vie, le berger…

Qui est Jean ?

Cet évangile s'appuie sur un premier témoin qui pourrait être Jean, le fils de Zébédée, pêcheur juif, qualifié dans l'Évangile « d'apôtre que Jésus aimait ». On pense aussi que ce disciple était très lié avec Pierre.

Voir aussi…
Ta Parole est un Trésor, page 502

Quatre évangiles, une Bonne Nouvelle

La première annonce

Frères, je vous rappelle la Bonne Nouvelle que je vous ai annoncée ; [...] Le Christ est mort pour nos péchés, conformément aux Écritures, et il a été mis au tombeau ; il est ressuscité le

Premières phrases d'évangile

Voici la table des origines de Jésus Christ, fils de David, fils d'Abraham.
Matthieu 1, 1

Au commencement était le Verbe, la Parole de Dieu, et le Verbe était auprès de Dieu, et le Verbe était Dieu.
Jean 1, 1

Commencement de la Bonne Nouvelle de Jésus Christ, le Fils de Dieu.
Marc 1, 1

Plusieurs ont entrepris de composer un récit des événements qui se sont accomplis parmi nous, tels que nous les ont transmis ceux qui, dès le début, furent les témoins oculaires et sont devenus les serviteurs de la Parole.
Luc 1, 1-2

C'est dans une lettre de saint Paul qu'on trouve le premier témoignage écrit de la Bonne Nouvelle de Jésus. Pour se faire une idée d'un livre, on regarde souvent le début et la fin.

troisième jour conformément aux Écritures ; et il est apparu à Pierre, puis aux Douze ; ensuite il est apparu à plus de cinq cents frères à la fois.

1 Corinthiens 15, 1-6

Dernières phrases d'évangile

Allez donc ! De toutes les nations faites des disciples, baptisez-les au nom du Père, et du Fils, et du Saint-Esprit ; et apprenez-leur à garder tous les commandements que je vous ai donnés. Et moi, je suis avec vous tous les jours jusqu'à la fin du monde.
Matthieu 28, 19-20

Le Seigneur Jésus, après leur avoir parlé, fut enlevé au ciel et s'assit à la droite de Dieu. Quant à eux, ils s'en allèrent proclamer partout la Bonne Nouvelle. Le Seigneur travaillait avec eux et confirmait la Parole par les signes qui l'accompagnaient.
Marc 16, 19-20

Tandis qu'il les bénissait, il se sépara d'eux et fut emporté au ciel. Ils se prosternèrent devant lui, puis ils retournèrent à Jérusalem, remplis de joie. Et ils étaient sans cesse dans le Temple à bénir Dieu.
Luc 24, 51-53

Il y a encore beaucoup d'autres choses que Jésus a faites ; et s'il fallait rapporter chacune d'elles, je pense que le monde entier ne suffirait pas pour contenir les livres que l'on écrirait ainsi.
Jean 21, 25

une parole nourrissante

> « J'ai bien aimé ces deux jours surtout samedi matin quand Madame V. nous a raconté qu'elle lisait l'Évangile tous les matins et gardait une phrase. Je n'avais jamais pensé qu'une phrase puisse aider une vieille dame à vivre. »
>
> *Caroline, sixième*

Retenu en otage, prisonnier pendant 319 jours à Beyrouth, il a reçu la Bible comme une interpellation brutale.

> « Un jour, on m'a apporté des livres parmi lesquels celui que je n'avais pas osé demander : une Bible que j'ai pu garder jusqu'à la fin de ma détention. J'ai lu, relu cette Bible… J'ai appris par cœur une dizaine de psaumes qui me plaisaient beaucoup. C'est là aussi que j'ai appris le Notre Père. »
>
> *Roger Auque, journaliste*

Le baptême source de vie

L'important pour quelqu'un qui se prépare au baptême, comme pour n'importe quel croyant, c'est de goûter l'Évangile comme une Parole qui change la vie et permet de partager avec d'autres le bonheur de croire au Dieu de Jésus Christ.

Quand un jeune demande le baptême, il s'y prépare pendant une période un peu longue, où se succèdent des étapes. Au cours de ce chemin, il vit alternativement des moments collectifs dans un groupe et des moments plus personnels. Lorsque le jeune est bien intégré dans un groupe de chrétiens, une étape est célébrée au cours de laquelle la Bible ou l'Évangile lui est remis.

Les évangiles, écrits en grec il y a 2 000 ans, sont traduits en 2 000 langues, et sont toujours lus, médités et étudiés aujourd'hui, dans le monde entier.

> **❝** Depuis le début de l'année, nous avons décidé de lire un passage d'Évangile quand on commence la rencontre en groupe. L'autre jour, on ne l'a pas fait. Je ne sais pas pourquoi je trouve que quelque chose m'a manqué. **❞**
>
> *Julien, sixième*

> **❝** Avant je disais toujours que je n'aimais pas lire. Depuis que Jocelyne m'a prêté *Ta Parole est un Trésor*, je crois que j'aime lire. J'aime ouvrir ce livre, il est beau, j'arrive à lire et je découvre plein de choses sur Jésus. C'est comme s'il était avec moi. **❞**
>
> *Audrey, sixième*

Doux comme le miel

Le Seigneur me dit : « Fils d'homme, mange ce qui est devant toi, mange ce rouleau, et va parler à la maison d'Israël. » J'ouvris la bouche, il me fit manger le rouleau et il me dit : « Fils d'homme, remplis ton ventre, rassasie tes entrailles avec ce rouleau que je te donne. » Je le mangeai donc, et dans ma bouche il fut doux comme du miel. Il me dit alors : « Fils d'homme, debout ! Va vers la maison d'Israël, et tu lui transmettras mes paroles. »

Ézéchiel 3,1 à 4

« Quel intérêt trouve-t-on aujourd'hui à ces anciennes histoires ? »

« Des groupes de chrétiens partagent et échangent autour de l'Evangile. »

Mélodie d'évangile

Une parole efficace

Qu'as-tu à regarder la paille dans l'œil de ton frère, alors que la poutre qui est dans ton œil, tu ne la remarques pas ?
Matthieu 7, 3

Quand vous dites « oui », que ce soit un « oui », quand vous dites « non », que ce soit un « non ».
Matthieu 5, 37

Ta foi t'a sauvée. Va en paix !
Luc 7, 50

Vous êtes la lumière du monde.
Matthieu 5, 14

Ayez du sel en vous-mêmes, et vivez en paix entre vous.
Marc 9, 50

Lève-toi et marche.
Luc 5, 23

Mais toi, quand tu pries, retire-toi au fond de ta maison, ferme la porte, et prie ton Père qui est présent dans le secret.
Matthieu 6, 6

Soyez miséricordieux comme votre Père est miséricordieux.
Luc 6, 36

Heureux les artisans de paix : ils seront appelés fils de Dieu !

Matthieu 5, 9

Heureux ceux qui entendent la parole de Dieu et qui la gardent !

Luc 11, 28

Mon commandement, le voici : « Aimez-vous les uns les autres comme je vous ai aimés. »

Jean 15, 12

Moi, je suis la lumière du monde. Celui qui me suit ne marchera pas dans les ténèbres, il aura la lumière de la vie.

Jean 8, 12

Aimez vos ennemis, faites du bien à ceux qui vous haïssent.

Luc 6, 27

Ainsi parle le Seigneur

La pluie et la neige qui descendent des cieux n'y retournent pas sans avoir abreuvé la terre, sans l'avoir fécondée et l'avoir fait germer, pour donner la semence au semeur et le pain à celui qui mange. Ainsi ma parole, qui sort de ma bouche, ne me reviendra pas sans résultat, sans avoir fait ce que je veux, sans avoir accompli sa mission.

Isaïe 55, 10-11

Des récits

Un certain nombre d'événements sont racontés par les quatre évangélistes. On peut les mettre en colonne comme dans le tableau ci-dessous. C'est ce qu'on

Matthieu 21, 8-9	Marc 11, 8-10
Or la très nombreuse foule étendit leurs manteaux sur le chemin ; d'autres coupaient des branches aux arbres et les étendaient sur le chemin.	Et de nombreuses (gens) étendirent leurs manteaux sur le chemin ; d'autres, de la verdure, l'ayant coupée dans les champs.
Les foules, celles qui le précédaient et celles qui suivaient	Et ceux qui précédaient et ceux qui suivaient
criaient,	criaient :
disant : « Hosanna au fils de David ! Béni celui qui vient au nom du Seigneur !	disant : « Hosanna ! Béni celui qui vient au nom du Seigneur ! Béni le Royaume qui vient, de notre père David !
Hosanna au plus haut (des cieux) ! »	Hosanna au plus haut (des cieux) ! »

parallèles

appelle une synopse. Toutefois, saint Jean fait souvent bande à part. Il choisit d'annoncer la Bonne Nouvelle en privilégiant d'autres événements.

Luc 19, 36-40

Tandit qu'il avançait,

ils étendaient sous (ses pieds)
leurs manteaux sur le chemin.

Or, tandis qu'il approchait
déjà de la descente du mont des Oliviers,
toute la multitude des disciples,

joyeux, commença à louer Dieu
d'une voix forte
pour tous les miracles qu'ils avaient vus,

« Béni celui qui vient,
(lui), le roi,
au nom du Seigneur !

Paix dans (le) ciel
et gloire
au plus haut (des cieux) ! »

Jean 12, 13

Ils prirent des rameaux de palmier

et sortirent à sa rencontre,

et ils poussaient des cris :

« Hosanna !
Béni soit celui qui vient

au nom du Seigneur !
le roi d'Israël ! »

DES COPAINS TRÈS ÉTONNÉS

Les Quatre Évangélistes
Jacob Jordaens (1593-1678)

DONNER
ÉVAN

Il leur dit beaucoup de choses en paraboles :

« Voici que le semeur est sorti pour semer. Comme il semait, des grains sont tombés au bord du chemin, et les oiseaux sont venus tout manger. D'autres sont tombés sur le sol pierreux, où ils n'avaient pas beaucoup de terre ; ils ont levé aussitôt parce que la terre était peu profonde. Le soleil s'étant levé, ils ont brûlé

DU FRUIT

et, faute de racines, ils ont séché. D'autres grains sont tombés dans les ronces ; les ronces ont poussé et les ont étouffés. D'autres sont tombés sur la bonne terre, et ils ont donné du fruit à raison de cent, ou soixante, ou trente pour un. Celui qui a des oreilles, qu'il entende ! »

Matthieu 13, 3-9

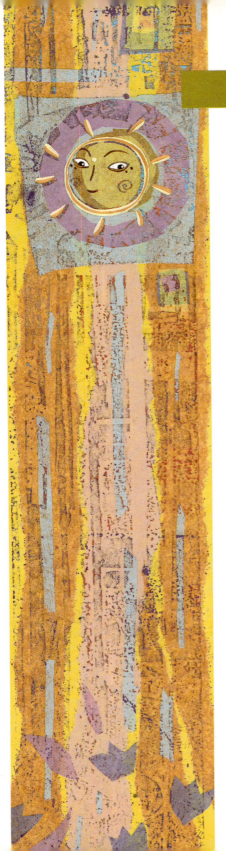

Louer Dieu

Sois loué

*Dieu notre Père,
tu nous as réunis, et nous sommes devant toi
pour te fêter, pour t'acclamer
et te dire l'émerveillement de nos cœurs.
Sois loué pour ce qui est beau dans le monde
et pour la joie que tu mets en nous.
Sois loué pour la lumière du jour
et pour ta parole qui nous éclaire.
Sois loué pour la terre et les hommes qui l'habitent,
sois loué pour la vie qui nous vient de toi.
Oui, tu es très bon, tu nous aimes
et tu fais pour nous des merveilles.*

*Toi, tu penses toujours aux hommes.
Tu ne veux pas être loin d'eux,
tu as envoyé parmi nous Jésus, ton Fils bien-aimé.
Il est venu nous sauver : il a guéri les malades,
il a pardonné aux pécheurs.
À tous, il a montré ton amour ;
il a accueilli et béni les enfants.*

*Nous ne sommes pas seuls pour te fêter, Seigneur.
Partout sur la terre, ton peuple te rend gloire.*

Extraits de la Prière eucharistique pour assemblée d'enfants n° 1

Chaque fois que je lis l'Évangile, je trouve de nouvelles raisons de remercier Dieu pour tout ce qu'il me donne. Sa parole est un vrai trésor. Quelle que soit la page lue, elle paraît toujours avoir été écrite pour moi.

La Parole peut te faire goûter la vie que Dieu te donne. Elle peut aussi t'aider à prier, à rendre grâce à Dieu. Pour mettre en valeur le temps de la Parole, quand tu participes à la préparation d'une messe, tu peux :
- proposer un signe : lumière, fleurs, encens, etc. ;
- prendre un bel évangéliaire pour le porter à travers l'assemblée ;
- prévoir un morceau de musique qui soutiendra la Parole ou un chant permettant de l'intérioriser ;
- proposer un refrain pour acclamer la Parole.

Je suis le chemin, la vérité, la vie.
Jn 14,6

Quand tu es choisi pour lire un texte, après l'avoir étudié et après avoir prié, n'oublie pas que la Parole se proclame :

- cherche à la communiquer de tout ton être (cœur, voix, intelligence…) ;
- choisis un ton et un rythme adaptés à la dimension du groupe et au lieu ;
- prévois, quand c'est possible, une lecture dialoguée ;
- éventuellement, apprends par cœur pour être plus à l'aise.

N'oublie pas de laisser une place au silence.

**Seigneur,
je te remercie pour la vie que
tu nous donnes chaque jour,
pour tout ce que tu fais pour nous,
pour le jour de ma profession de foi
et les deux retraites
qui l'ont précédée,
c'était formidable !
Merci d'avoir sauvé mon grand-père
et ma tante de la maladie.
Merci pour ton amour
qui me fait vivre.**

Morgane

Saint ! Saint ! Saint !
Saint le Seigneur, Dieu de l'univers !
Le ciel et la terre sont remplis de ta gloire.
Hosanna au plus haut des cieux.
Béni soit celui qui vient au nom du Seigneur.
Hosanna au plus haut des cieux.

6

Le Sauveur du monde

« Et nous, nous avons reconnu et de Dieu est parmi nous. »

Les évangiles annoncent l'amour de Dieu pour son Fils et pour les hommes. Pourtant, quand tu regardes le malheur et la souffrance de ce monde ; quand il t'arrive de « faire le mal que tu ne veux pas, et de ne pas faire le bien que tu voudrais faire » (saint Paul),

tu cherches où est la bonté de Dieu. Dans ce monde qui paraît absurde, tu es tenté de te débrouiller seul. Rappelle-toi les disciples de Jésus. Ils avaient mis tout leur espoir en lui. Ils voyaient en lui un Messie, celui qui allait libérer Israël

nous avons cru que l'amour

1 JEAN 4, 16

de la domination des Romains. Et leur rêve prend fin sur la croix ! Quelle déception ! Ils sont découragés, déçus. Ils se sentent perdus, toute leur vie leur semble absurde. Et puis, il y a le matin de la Résurrection, la nouvelle extraordinaire : Dieu n'a pas abandonné Jésus au pouvoir de la mort, il l'a ressuscité. Jésus est vivant et, à sa suite, le chemin de la vie s'ouvre pour tous les hommes. Nous non plus, nous ne sommes pas seuls et abandonnés face à tout le mal qui abîme la vie,

nous sommes libérés et sauvés.

LE FILET

Des myriades d'oiseaux voletaient
Sous un filet tendu au-dessus du sol.
Sans cesse ils s'envolaient,
Heurtaient le filet et retombaient à terre,
Le spectacle était accablant de tristesse.
Mais voici : un oiseau s'élança à son tour,
Il s'obstina à lutter contre le filet,
Et soudain, blessé, couvert de sang,
il le rompit,
Et s'élança vers l'azur.
Ce fut un cri strident parmi tout
le peuple des oiseaux,
Et, dans un bruissement d'ailes
innombrables,
Ils se précipitèrent vers la brèche,
Vers l'espace sans limites.

Jean Vernette, *Paraboles pour aujourd'hui*

SOMMAIRE

Dossier

Le mal est une réalité — 136
Pourquoi ce mal ? — 138
Dieu sauve — 140
Le chemin de vie de Jésus — 146
Pardonnés et libérés — 149
BD : Une victoire différente — 152
La Sainte Face — 153

Évangile

« Sa passion nous sauve » — 154

Prière

Demander et recevoir le pardon de Dieu — 158

« Les hommes sont-ils condamnés à subir les événements ? »

« Pourquoi Dieu n'intervient-il pas pour soulager les hommes ? »

DANS LE MONDE

Le mal est une réalité

sinistre
nazisme
BOAT PEOPLE
violence
Sida
torture
répression
accident
pornographie
peur
jalousie
nuisance
injustice
otage
kidnapping
zizanie
SARAJEVO
prison
bataille
BRONX
insulte
ALGERIE
Tien an men
RWANDA
vol
viol
orgueil
CAMBODGE
famine
mensonge
extorsion
trahison
vengeance
bagarre
ultimatum
haine
corruption
MEDELIN
fraude
gaspillage
brutalité
attentat
tricherie
drogue
lâcheté
ghetto
opprobre
mépris
chômage
guerre
maladie
crime
indifférence
blessure
agression
querelle
divorce
honte
sévices
racket
misère
HIROSHIMA
esclavage
échec
usurpation
vandalisme

136 Escale 6

À NOTRE PORTE

Chloé
— Au collège, je me fais toujours embêter par les grands. Je n'ose pas me défendre. En plus, ils prennent le même bus que moi !

Angie :
— On se moquait de moi aussi en sixième, comme toi, mais à présent je suis en quatrième, c'est moi qui ris des autres. Parfois, je réfléchis, je me trouve un peu cruelle et je prends la défense des petits nouveaux un peu traumatisés. Mais tu dois comprendre qu'il n'y a rien de vraiment méchant dans ce que les grands te disent. À partir de là, tu as le choix : tu laisses dire, tu encaisses et ces grands zigotos vont se lasser, ou alors tu explodes et ça risque d'empirer…

Pourquoi ce mal ?

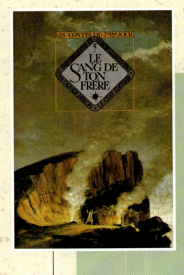

« Quelqu'un gravit la colline en courant. Ève sort de la hutte. Adam ouvre les yeux. Caïn apparaît hors d'haleine. On jurerait qu'il a peur. Il dit :
– C'est Abel. Venez ! Il est tombé. J'ai couru toute la nuit !… Je l'ai frappé. Il est tombé et maintenant il ne bouge plus. Venez vite !
– Calme-toi, dit Ève, calme-toi ! Viens, assieds-toi : tu ne tiens plus debout !
Mais Caïn se mit à crier que ce n'était pas vraiment le moment de se reposer !
– Puisque je vous dis qu'il est tombé ! Je me suis jeté sur lui, je l'ai frappé, alors il est tombé et sa tête a dû cogner contre une pierre, je ne sais pas, tout ce que je sais, c'est qu'il est là-bas, maintenant, sur le dos, comme ça, les yeux ouverts et qu'il ne bouge plus : il dort sans respirer, on dirait même qu'il ne voit plus, qu'il n'entend plus ! Du coup, ça m'a fait peur et je suis venu vous chercher. Vous comprenez ? Alors allons-y, vite !
– Adam !
– Je suis là, dit-il et, laissant Caïn, il vint s'agenouiller près d'Ève, il la prit dans ses bras et elle pleura enfin. Elle sanglotait : « Adam, Adam, dis-moi comment vivre avec ça dans le cœur, maintenant ? Est-ce que tu crois qu'on peut s'habituer à ça ? » et, renversant sa tête vers le ciel elle se mit à hurler : « Pourquoi ? » »

Extrait des *Contes du septième jour* de Jean-Olivier Héron

Toutes les civilisations cherchent à expliquer le mal, à savoir d'où il vient. Qui est responsable du mal ?

En effet, ce qui est à ma portée,
c'est d'avoir envie de faire le bien,
mais non pas de l'accomplir.
Je ne réalise pas le bien que je voudrais,
mais je fais le mal que je ne voudrais pas.
Si je fais ce que je ne voudrais pas,
alors ce n'est plus moi qui accomplis tout cela,
c'est le péché, lui qui habite en moi.

Romains 7, 18-20

DIEU LIBÈRE SON PEUPLE

Pharaon, roi d'Égypte, se lança à la poursuite des fils d'Israël, tandis que ceux-ci avançaient hardiment. Les Égyptiens les poursuivirent et les rejoignirent alors qu'ils campaient au bord de la mer.

Comme Pharaon approchait, les fils d'Israël regardèrent et, voyant les Égyptiens lancés à leur poursuite, ils furent saisis d'un grand effroi, et ils crièrent vers le Seigneur. Ils dirent à Moïse : « Est-ce que l'Égypte manquait de tombeaux, pour que tu nous aies emmenés mourir dans le désert ? Quel mauvais service tu nous as rendu en nous faisant sortir d'Égypte ! C'est bien là ce que nous te disions en Égypte : « Ne t'occupe pas de nous, laisse-nous servir les Égyptiens. Il vaut mieux les servir que de mourir dans le désert ! » Moïse répondit au peuple : « N'ayez pas peur ! Tenez bon ! Vous allez voir aujourd'hui ce que le Seigneur va faire pour vous sauver ! Car, ces Égyptiens que vous voyez aujourd'hui, vous ne les verrez plus. Le Seigneur combattra pour vous, et vous, vous n'aurez rien à faire. » […]

L'ange de Dieu, qui marchait en avant d'Israël, changea de place et se porta à l'arrière. La colonne de nuée quitta l'avant-garde et vint se placer à l'arrière, entre le camp des Égyptiens et le camp d'Israël. Cette nuée était à la fois ténèbres et lumière dans la nuit, si bien que, de toute la nuit, ils ne purent se rencontrer. Moïse étendit le bras contre la mer. Le Seigneur chassa la mer toute la nuit par un fort

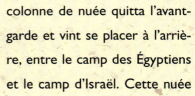

Au temps de Moïse, la Pâque fut le passage de la mer Rouge,
la libération de l'esclavage en Egypte,
la marche vers la Terre promise.
Jamais les Juifs n'oublieront cette merveille,
dans laquelle ils reconnaissent l'amour du Dieu Sauveur !

vent d'est, et il mit la mer à sec. Les eaux se fendirent, et les fils d'Israël pénétrèrent dans la mer à pied sec, les eaux formant une muraille à leur droite et à leur gauche. Les Égyptiens les poursuivirent et pénétrèrent derrière eux – avec tous les chevaux de Pharaon, ses chars et ses guerriers – jusqu'au milieu de la mer.

Aux dernières heures de la nuit, le Seigneur observa, depuis la colonne de feu et de nuée, l'armée des Égyptiens, et il la mit en déroute. Il faussa les roues de leurs chars, et ils eurent beaucoup de peine à les conduire. Les Égyptiens s'écrièrent : « Fuyons devant Israël, car c'est le Seigneur qui combat pour eux contre nous ! » Le Seigneur dit à Moïse : « Étends le bras contre la mer : que les eaux reviennent sur les Égyptiens, leurs chars et leurs guerriers ! » Moïse étendit le bras contre la mer. Au point du jour, la mer reprit sa place ; dans leur fuite, les Égyptiens s'y heurtèrent, et le Seigneur les précipita au milieu de la mer. Les eaux refluèrent et recouvrirent toute l'armée de Pharaon, ses chars et ses guerriers, qui avaient pénétré dans la mer à la poursuite d'Israël. Il n'en resta pas un seul. Mais les fils d'Israël avaient marché à pied sec au milieu de la mer, les eaux formant une muraille à leur droite et à leur gauche.

Ce jour-là, le Seigneur sauva Israël de la main de l'Égypte, et Israël vit sur le bord de la mer les cadavres des Égyptiens. Israël vit avec quelle main puissante le Seigneur avait agi contre l'Égypte. Le peuple craignit le Seigneur, il mit sa foi dans le Seigneur et dans son serviteur Moïse.

Alors Moïse et les fils d'Israël chantèrent ce cantique au Seigneur :

Je veux chanter le Seigneur :
superbe est sa victoire !
Cheval et cavalier, il les jette à la mer !
Il est ma force, il est mon chant ;
je lui dois le salut !

Exode 14, 8-14, 19-31 ; 15, 1-2

DIEU RESSUSCITE JÉSUS

Pour les chrétiens, la nouvelle Pâque c'est la Résurrection, la traversée de la mort, l'entrée dans la vie de Dieu.

Et si le Christ n'est pas ressuscité, votre foi ne mène à rien, vous n'êtes pas libérés de vos péchés ; et puis, ceux qui sont morts dans le Christ sont perdus. Si nous avons mis notre espoir dans le Christ pour cette vie seulement, nous sommes les plus à plaindre de tous les hommes. Mais non ! le Christ est ressuscité d'entre les morts...

I Corinthiens 15, 17-20

Matthieu 28, 7

« Il est ressuscité d'entre les morts ; il vous précède en Galilée : là, vous le verrez ! »

Luc 24, 34

« C'est vrai ! le Seigneur est ressuscité : il est apparu à Simon-Pierre. »

Marc 16, 6

« N'ayez pas peur ! Vous cherchez Jésus de Nazareth, le Crucifié Il est ressuscité : il n'est pas ici. »

Jean 20, 28

Thomas lui dit alors : « Mon Seigneur et mon Dieu ! »

Au matin de la Pâque juive de l'an 30,
À la pointe de l'aurore,
La plus grande nouvelle de tous les temps :
Dieu l'a ressuscité des morts
Jésus de Nazareth le Crucifié ;
C'est lui le Sauveur du monde !
Si Jésus n'était pas ressuscité,
La croix aurait été un échec.
Si Jésus n'était pas ressuscité,
Il n'y aurait pas d'espérance.

De la Résurrection de Jésus,
Il n'y a pas de preuve.
Ceux qui l'ont vu vivant ont cru.
Ce n'était pas un mensonge, une invention,
Ni un rêve, une imagination.
Les apôtres ont été surpris :
Ils ne s'y attendaient pas !
Pour eux c'est un bouleversement
Qui change tout…

Et pour nous aussi ça change tout :
L'amour est plus fort que le mal,
L'amour est plus fort que la mort
Vraiment l'immense amour de Dieu
A sauvé l'humanité.
Toute l'humanité passera par la brèche
Que Jésus a faite dans le filet de la mort.

DIEU APAISE ET TRANSFORME

L'homme est un loup pour l'homme ? Mais l'Évangile peut apprivoiser le loup.

Au temps où saint François demeurait dans la ville de Gubbio, apparut dans la campagne environnante un très grand loup, terrible et féroce. Il dévorait non seulement les animaux mais aussi les hommes.

François eut pitié des gens de cette cité. Il décida de sortir face à ce loup, en dépit des recommandations contraires des habitants. Il fit le signe de la croix, mit toute sa confiance en Dieu et sortit de la ville avec ses compagnons. Ceux-ci hésitant à aller plus loin, François s'achemina seul vers le lieu où était le loup. Beaucoup d'habitants étaient venus voir ce qui allait se passer. Le loup arriva, la gueule ouverte, à la rencontre de saint François. François s'approcha, fit sur lui le signe de la croix, l'appela et lui parla ainsi : « Viens ici, frère loup ; je te commande de la part du Christ de ne faire de mal, ni à moi, ni à personne. » Chose admirable ! Aussitôt que François eut tracé le signe de la croix, le terrible loup ferma sa gueule et cessa de courir. Au commandement de François, il vint se coucher à ses pieds, doux comme un agneau.

Alors François lui parla ainsi : « Frère loup, tu fais par ici beaucoup de dommages, tu as commis de très grands méfaits, blessant et tuant les créatures de Dieu ; non seulement tu

as tué et dévoré les bêtes, mais tu as eu l'audace de tuer et de blesser les hommes faits à l'image de Dieu. C'est pourquoi tu mérites d'être tué comme voleur et assassin.

Tout le monde crie et murmure contre toi, toute cette ville te déteste. Mais je veux, frère  loup, faire la paix entre toi et les habitants, de telle sorte que tu ne les offenses plus, qu'ils te pardonnent tout ce que tu leur as fait, et que ni les hommes, ni les chiens ne te poursuivent plus. »

Ces paroles dites, le loup, par des mouvements de son corps, de sa queue et de ses oreilles, et en inclinant la tête, témoigna qu'il acceptait ce que François avait dit, et qu'il voulait l'observer.

Alors François reprit : « Frère loup, puisqu'il te  plaît de faire et de garder cette paix, je te promets de te faire donner toujours ce qu'il te faut, tant que tu vivras, par les hommes de cette ville ; ainsi tu ne souffriras plus de la faim, car je sais bien que c'est la faim qui t'a fait commettre tout ce mal… Je t'obtiendrai cette grâce, frère loup, mais je veux que tu me promettes de ne plus jamais nuire ni à aucun homme, ni à aucun animal. Me promets-tu cela ? » François alors étendit la main, le loup leva la patte droite et la mit familièrement dans la main de saint  François, lui donnant ainsi le gage de foi attendu.

Les Fioretti de saint François d'Assise

Le chemin de vie de Jésus

Comme tout homme, Jésus rencontre le mal sur sa route.
Il en est souvent victime.
Il n'accepte jamais d'en être acteur.
Il n'accepte pas d'en être simple témoin : il le combat.
Il soulage et guérit les malades. Il libère les possédés.
Il pardonne les péchés et fait entrer dans une vie nouvelle.

> **Marc 2, 17**
> « Ce ne sont pas les gens bien portants qui ont besoin du médecin, mais les malades. Je suis venu appeler non pas les justes, mais les pécheurs. »

JÉSUS LES A RENCONTRÉS, JÉSUS LES A AIMÉS

Jésus guérit l'aveugle de Jéricho

Comme Jésus approchait de Jéricho, un aveugle qui mendiait était assis au bord de la route. Entendant une foule arriver, il demanda ce qu'il y avait. On lui apprit que c'était Jésus le Nazaréen qui passait. Il s'écria : « Jésus, fils de David, aie pitié de moi ! » Ceux qui marchaient en tête l'interpellaient pour le faire taire. Mais lui criait de plus belle : « Fils de David, aie pitié de moi ! » Jésus s'arrêta et ordonna qu'on le lui amène. Quand il se fut approché, Jésus lui demanda : « Que veux-tu que je fasse pour toi ? — Seigneur, que je voie ! » Et Jésus lui dit : « Vois. Ta foi t'a sauvé. » À l'instant même, l'homme se mit à voir, et il suivait Jésus en rendant gloire à Dieu. Et tout le peuple, voyant cela, adressa ses louanges à Dieu.

Luc 18, 35-43

Jésus rend la vie à la fille de Jaïre

Quand Jésus revint, il fut accueilli par la foule, car tous l'attendaient. Et voici qu'arriva un homme du nom de Jaïre ; c'était le chef de la synagogue. Tombant aux pieds de Jésus, il le suppliait de venir dans sa maison, parce qu'il avait une fille unique, d'environ douze ans, qui était en train de mourir. […]
Comme il parlait encore, quelqu'un arrive de la maison de Jaïre pour lui dire : « Ta fille est morte. Ne dérange plus le maître. » Jésus, qui avait entendu, répondit : « Ne crains pas. Crois seulement et elle sera sauvée. » En arrivant à la maison, il ne laissa personne entrer avec lui, sinon Pierre, Jean et Jacques, ainsi que le père et la mère de l'enfant. Tous pleuraient sa mort en se frappant la poitrine. Mais Jésus dit : « Ne pleurez pas ; elle n'est pas morte : elle dort. » Mais on se moquait de lui, en voyant qu'elle venait de mourir. Quant à lui, saisissant sa main, il dit d'une voix forte : « Mon enfant, lève-toi ! » L'esprit lui revint, à l'instant même elle se mit debout, et Jésus ordonna de lui donner à manger. Ses parents furent bouleversés, mais Jésus leur commanda de ne dire à personne ce qui était arrivé.

Luc 8, 40-42, 49-56

Dans la maison de Simon, Jésus remet en marche le paralysé.
Marc 2, 1-12
Ta Parole est un Trésor, page 238

Jésus ressuscite Lazare.
Jean 11, 1-45
Ta Parole est un Trésor, page 354

Jésus remet debout la pécheresse.
Luc 7, 36-50
Ta Parole est un Trésor, page 312

Jésus redonne sa dignité à Zachée.
Luc 19, 1-10
Ta Parole est un Trésor, page 329

Jésus pardonne à la femme adultère

Jésus s'était rendu au mont des Oliviers ; de bon matin, il retourna au Temple. Comme tout le peuple venait à lui, il s'assit et se mit à enseigner. Les scribes et les pharisiens lui amènent une femme qu'on avait surprise en train de commettre l'adultère. Il la font avancer, et disent à Jésus : « Maître, cette femme a été prise en flagrant délit d'adultère. Or, dans la Loi, Moïse nous a ordonné de lapider ces femmes-là. Et toi, qu'en dis-tu ? » Ils parlaient ainsi pour le mettre à l'épreuve, afin de pouvoir l'accuser. Mais Jésus s'était baissé et, du doigt, il traçait des traits sur le sol. Comme on persistait à l'interroger, il se redressa et leur dit : « Celui d'entre vous qui est sans péché, qu'il soit le premier à lui jeter la pierre. » Et il se baissa de nouveau pour tracer des traits sur le sol. Quant à eux, sur cette réponse, ils s'en allèrent l'un après l'autre, en commençant par les plus âgés. Jésus resta seul avec la femme en face de lui. Il se redressa et lui demanda : « Femme, où sont-ils donc ? Alors, personne ne t'a condamnée ? » Elle répondit : « Personne, Seigneur. » Et Jésus lui dit : « Moi non plus, je ne te condamne pas. Va, et désormais ne pèche plus. »

Jean 8, 1-11

JÉSUS NOUS AIMA, ET NOUS AIME JUSQU'AU BOUT !

1 Jean 3, 16

« Voici à quoi nous avons reconnu l'amour : lui, Jésus, a donné sa vie pour nous. Nous aussi, nous devons donner notre vie pour nos frères. »

Jean 3, 16-17

« Car Dieu a tant aimé le monde qu'il a donné son Fils unique : ainsi tout homme qui croit en lui ne périra pas, mais il obtiendra la vie éternelle. Car Dieu a envoyé son Fils dans le monde, non pas pour juger le monde, mais pour que, par lui, le monde soit sauvé. »

1 Timothée 2, 4

« Car Dieu, notre Sauveur, veut que tous les hommes soient sauvés... »

Par le sacrement de réconciliation, Dieu nous pardonne et nous sauve quand nous avons péché.

DIEU PARDONNE

Sacrement = une parole + un geste de Jésus aujourd'hui, en Église.

Pour recevoir le pardon de Dieu et lutter contre le mal, on peut confesser (ce mot signifie : déclarer, dire) l'amour de Dieu et son péché en même temps, dans une rencontre personnelle avec Dieu, devant un prêtre qui nous accueille en son nom. Il est aussi très important de vivre le sacrement de réconciliation en le célébrant au sein d'une communauté car le pardon n'est pas une petite affaire entre Dieu et moi tout seul.

Celui qui demande pardon confesse son péché. Le prêtre étend alors la main vers lui, il le réconcilie avec Dieu et avec ses frères en disant les paroles du pardon : c'est l'absolution.

C'est toujours au nom de Jésus que nous sommes pardonnés et rendus libres : le sacrement de pardon et de réconciliation est un sacrement de résurrection. Avec les autres, je reconnais que c'est sérieux de mener vraiment une vie nouvelle, de former une communauté de frères, d'agir dans un groupe qui lutte contre le mal, comme Jésus, avec Jésus.

Le sacrement de pénitence - réconciliation

Absolution

Que Dieu notre Père te montre sa miséricorde ;
par la mort et la résurrection de son Fils, il a réconcilié le monde avec lui,
et il a envoyé l'Esprit Saint pour la rémission des péchés.
Par le ministère de l'Église, qu'il te donne le pardon et la paix.
Et moi, au nom du Père, et du Fils, et du Saint-Esprit,
je te pardonne tous tes péchés.

2 Co 5, 20
« Au nom du Christ, nous vous le demandons, laissez-vous réconcilier avec Dieu. »

Pardonnés et libérés

DIEU A BESOIN DE NOUS
POUR FAIRE CHANGER

Des hommes ont posé des actes de salut

Saint Maximilien Kolbe
1894-1941

Emprisonné au camp de concentration d'Auschwitz, ce Franciscain polonais offrit sa vie à la place de celle d'un père de famille condamné à mort en représailles d'une tentative d'évasion.

Jean XXIII
1881-1963

Ce pape convoque courageusement le concile Vatican II. En 1963, son encyclique *Pacem in terris*, paix sur la terre, s'adresse à tous les hommes de bonne volonté au moment où une menace de Troisième Guerre mondiale plane sur le monde.

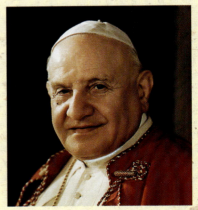

Henri Vergès
1930-1994

Ce frère mariste a été assassiné à Alger, dans la bibliothèque qu'il avait ouverte pour les jeunes de la Casbah. Il connaissait les risques qu'il courait, mais il est resté au service des jeunes qu'il aimait.

LE MONDE

Je crois en toi Jésus
Tu es sauveur car, en t'écoutant,
en te regardant, chacun, quel qu'il soit,
peut être certain d'être attendu, accueilli, aimé.

Tu es sauveur avec nous et par nous
— quand les hommes inventent des remèdes capables
de soulager, de guérir,
— quand ils luttent contre les forces de mort que sont l'injustice,
la paresse, l'égoïsme,
— quand ils pardonnent au lieu de se venger,
— quand les croyants se rassemblent pour prier, pour témoigner de la Bonne Nouvelle.

Pour l'espoir que tu fais naître en révélant la tendresse de Dieu,
Pour les brèches que tu ouvres dans le monde clos de la fatalité,
Pour le souffle de liberté que tu apportes aux craintifs, aux timorés,
Je viens te dire ma joie.

Pour la lumière qui éclaire ceux qui marchent dans les ténèbres,
Pour le feu que tu allumes dans le cœur de ceux qui ont froid,
Pour le pain partagé, signe de ta présence aimante et agissante,
Je viens te dire merci.

Pour ce regard d'amour que tu poses sur les exclus, les mal-aimés,
Pour le pardon toujours offert, plus fort que nos péchés,
Pour l'éternel bonheur qui nous attend dans la maison du Père,
Je viens te dire « je crois ».

Théophile Penndu

UNE VICTOIRE DIFFÉRENTE

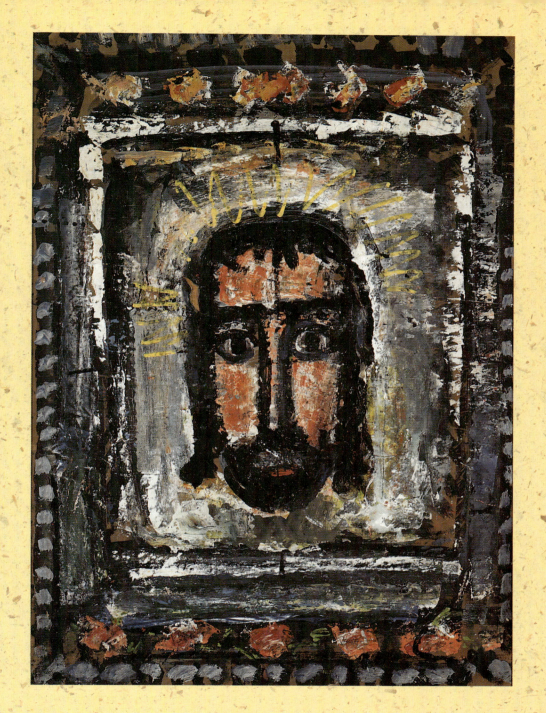

La Sainte Face
Georges Rouault (1871 - 1958)

SA PASSION

É V A N

Puis ils l'emmenèrent pour le crucifier, et ils réquisitionnent, pour porter la croix, un passant, Simon de Cyrène, le père d'Alexandre et de Rufus, qui revenait des champs. Et ils amènent Jésus à l'endroit appelé Golgotha, c'est-à-dire Lieu-du-Crâne ou Calvaire. Ils lui offraient du vin aromatisé de myrrhe ; mais il n'en prit pas. Alors ils le crucifient, puis se partagent ses vêtements, en tirant au sort pour savoir la part de chacun. Il était neuf heures lorsqu'on le crucifia. L'inscription indiquant le motif de sa condamnation portait ces mots : « Le roi des Juifs ». Avec

NOUS SAUVE

lui on crucifie deux bandits, l'un à sa droite, l'autre à sa gauche. Les passants l'injuriaient en hochant la tête : « Hé ! toi qui détruis le Temple et le rebâtis en trois jours, sauve-toi toi-même, descends de la croix ! » De même, les chefs des prêtres se moquaient de lui avec les scribes, en disant entre eux : « il en a sauvé d'autres, et il ne peut pas se sauver lui-même ! Que le Messie, le roi d'Israël, descende maintenant de la croix ; alors nous verrons et nous croirons. » Même ceux qui étaient crucifiés avec lui l'insultaient.

Quand arriva l'heure de midi, il y eut des ténèbres sur toute la terre jusque vers trois heures. Et à trois heures, Jésus cria d'une voix forte : « *Eloï, Eloï, lama sabactani ?* » ce qui veut dire : « Mon Dieu, mon Dieu, pourquoi m'as-tu abandonné ? » Quelques-uns de ceux qui étaient là disaient en l'entendant : « Voilà qu'il appelle le prophète Elie ! » L'un d'eux courut tremper une éponge dans une boisson vinaigrée, il la mit au bout d'un roseau, il lui donnait à boire, en disant : « Attendez ! Nous verrons bien si Elie vient le descendre de là ! » Mais Jésus,

poussant un grand cri, expira. Le rideau du Temple se déchira en deux, depuis le haut jusqu'en bas. Le centurion qui était là en face de Jésus, voyant comment il avait expiré, s'écria : « Vraiment, cet homme était le Fils de Dieu ! »

Il y avait aussi des femmes, qui regardaient de loin, et parmi elles, Marie Madeleine, Marie, mère de Jacques le petit et de José, et Salomé, qui suivaient Jésus et le servaient quand il était en Galilée, et encore beaucoup d'autres, qui étaient montées avec lui à Jérusalem.

Marc 15, 21-41

Purifie-moi de mon péché

Demander et recevoir le pardon de Dieu

Pitié pour moi, mon Dieu, dans ton amour,
selon ta grande miséricorde, efface mon péché.
Lave-moi tout entier de ma faute, purifie-moi de mon offense.

Oui, je connais mon péché,
ma faute est toujours devant moi.
Contre toi, et toi seul, j'ai péché,
ce qui est mal à tes yeux, je l'ai fait.

Crée en moi un cœur pur, ô mon Dieu,
renouvelle et raffermis au fond de moi mon esprit.
Ne me chasse pas loin de ta face,
ne me reprends pas ton esprit saint.

Rends-moi la joie d'être sauvé ;
que l'Esprit généreux me soutienne.
Aux pécheurs, j'enseignerai tes chemins ;
vers toi, reviendront les égarés.

Libère-moi du sang versé, Dieu, mon Dieu sauveur,
et ma langue acclamera ta justice.
Seigneur, ouvre mes lèvres,
et ma bouche annoncera ta louange.

Si j'offre un sacrifice, tu n'en veux pas,
tu n'acceptes pas d'holocauste.
Le sacrifice qui plaît à Dieu, c'est un esprit brisé ;
tu ne repousses pas, ô mon Dieu,
un cœur brisé et broyé.

Psaume 50

Il m'arrive de me sentir envahi par trop de malheur et de souffrance : autour de moi, mais aussi en moi. Dans ces moments-là, je pense à Jésus qui a lui aussi souffert de la méchanceté humaine, et de la maladie de ses amis. Et malgré cela, son amour pour les hommes et pour son Père est resté aussi fort. Je sais que son amour m'est acquis, quoi que j'aie fait. Alors, dans mon cœur, je demande pardon à Jésus.

**Je confesse à Dieu tout-puissant,
je reconnais devant mes frères,
que j'ai péché en pensée, en parole,
par action et par omission ;
oui j'ai vraiment péché.
C'est pourquoi je supplie la Vierge Marie,
les anges et tous les saints,
et vous aussi mes frères,
de prier pour moi le Seigneur notre Dieu.**

Toi aussi, laisse-toi envahir par l'amour de Jésus qui est toujours plus grand que ce que tu oses imaginer. Tu peux alors demander pardon : seul ou en groupe ; le soir, en repensant à ta journée ; à la messe, lorsque le prêtre invite l'assemblée à reconnaître son péché et à demander le pardon de Dieu ; pendant le Carême, à une « célébration pénitentielle ».

*Seigneur,
fais qu'il n'y ait plus d'attentats, de prises d'otages...
Bien que nous ayons agi pour le Rwanda et le tiers monde,
il y a toujours de la famine. Pourquoi ?
Pourquoi tant de gens sont-ils malheureux, pauvres, orphelins,
pourquoi tant de misère dans le monde ? Pourquoi ?
Seigneur, débarrasse-nous du mal, pardonne-nous nos péchés !
Je sais que je n'ai pas le cœur assez pur pour recevoir tout ton amour,
mais je sais que tu me pardonnes quand je fais des bêtises.
Seigneur, tu ne veux pas de bagarres entre nous ;
aide-nous à nous aimer les uns les autres, à nous pardonner,
à penser davantage à toi.*

Vincent

Si tu désires recevoir le pardon de Dieu, va auprès d'un prêtre. Tu peux choisir une parole de l'Évangile pour guider ta réflexion. Tu lui dis les paroles, les actions, les attitudes qui t'ont conduit loin de Dieu et que tu veux, avec l'aide de Dieu, essayer de changer. Alors, au fond de ton cœur, tu dis à Dieu ta joie d'être réconcilié avec lui.

Vraiment il est juste et bon
de te remercier, Père très bon,
toi qui renouvelles toujours
les gestes de ta tendresse et de ta miséricorde.

Ton Esprit continue parmi nous
son œuvre de salut :
par lui nous sommes renouvelés
dans la vie qui est en toi, Père,
avec ton Fils Jésus Christ.

Rituel de la Réconciliation

7

Viens et suis-moi

Jésus dit : « C'est moi qui vous a[i ...] vous donniez du fruit. »

Tu veux être pris au sérieux,
décider toi-même, faire de plus en plus
de choses tout seul, et en même temps,
tu veux ressembler à un grand joueur de football,
tu veux porter le même tee-shirt que tous tes amis,
tu rêves de rencontrer ton chanteur préféré
parce que trouves dans ses paroles
tant de choses que tu ressens.

choisis et établis afin que **JEAN 15, 16**

Tu veux être différent et en même temps,
tu cherches à qui ressembler.
Y a-t-il quelqu'un qui mérite
qu'on le suive ? Jésus, l'homme de Nazareth,
le Fils de Dieu, le Vivant,
donne la vie au monde. Des hommes l'ont suivi.
Cela les a transformés.
C'est lui que nous te proposons **de suivre.**

LE MAÎTRE DU JOUR

On raconte qu'un vieux rabbin demandait un jour à ses élèves à quel signe on pouvait reconnaître le moment précis où la nuit s'achève et où le jour s'instaure.
« Est-ce, demandèrent les élèves, quand on peut sans peine distinguer de loin un chien d'un mouton ?
– Non, dit le rabbin.
– Est-ce quand on peut distinguer sans peine un dattier d'un figuier ?
– Non, dit encore le rabbin.
– Alors, quand donc, Maître ?
– C'est lorsque, perdu dans une foule, le visage de n'importe quel inconnu vous devient aussi précieux que celui d'un père, d'une mère, d'un frère, d'une sœur, d'un fils ou d'une fille, d'un époux, d'une épouse, d'un ami…
Celui à qui pareille chose n'est jamais arrivée, qu'il sache simplement ceci : il fait toujours nuit dans son cœur. »

SOMMAIRE

Dossier

Fan de qui ?	166
À la suite de Jésus	168
Au souffle de l'Esprit	172
BD : Paul sur le chemin de Damas	178
L'Ascension	179

Évangile

« N'ayez pas peur »	180

Prière

Se laisser guider par Dieu	182

Admirer quelqu'un, vouloir le connaître, lui ressembler ;

DES STARS, DES MODES

choisir des modèles, c'est une façon de grandir.

J'aurais bien aimé rencontrer mon idole, c'est-à-dire Jacques-Yves Cousteau. J'aime beaucoup la mer, les poissons et les coraux. Je suis allé au parc océanographique Cousteau et j'ai regardé toutes ses merveilles. Dommage, je n'ai pas pu le voir, mais je peux rêver, le regarder à la télévision ou l'imaginer. Si j'avais rencontré celui que j'admire, je serais resté là, sans savoir quoi lui dire. Plus tard, je serai journaliste, mais je m'occuperai surtout des choses marines.

Nicolas, 6ᵉ

« Rencontrer une idole dans un contexte de spectacle n'est pas une de mes folles envies : je pense que voir une star, ce n'est que « regarder » une image d'une personne comme une autre. »

Dorothée, 6ᵉ

Perdu chaton adoré - Merci à qui le rapportera - car je ne peux pas vivre sans lui - Gaëlle

Fan de qui ?

« C'est mon acteur préféré. Mon rêve, ce serait de passer quelques jours avec lui, de découvrir ses envies, ses passions, ses secrets… Si j'en avais l'occasion, je me lancerais sans réfléchir, avec, je pense, la crainte d'être déçue par rapport à l'image que j'aurais pu me faire de lui. »

Virginie, 6ᵉ

« Salut ! Fan inconditionnel des Doors, je recherche tout ce qui les concerne, surtout Jim Morrison. Je suis prêt à racheter tout ce que vous possédez sur ce groupe légendaire. Je vous attends, merci d'avance. »

Yann, 11 ans

« Presque toutes les filles que je connais pensent que faire « bien, cool et bon genre », c'est porter des vêtements de marque. Bien sûr qu'il faut en porter ! Cela nous permet d'adopter un style, de montrer notre personnalité et de nous affirmer. Les vêtements sans marque sont communs, et ceux qui les portent prouvent leur manque de goût. »

Charlotte, 12 ans

JÉSUS, UNE RENCONTRE QUI CHANGE LA VIE

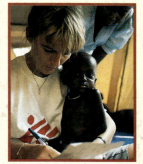

« Je n'ai pas été baptisée lorsque j'étais petite, mes parents ne l'avaient pas souhaité. Je ne me posais pas de questions, bien que mes oncles, tantes et cousins soient des catholiques pratiquants.

En faculté de médecine, j'ai remarqué un groupe d'étudiants sympathiques, ouverts, attentifs aux autres. Je me suis rapprochée d'eux. Un beau jour, ils m'ont invitée à une soirée… à leur aumônerie ! Là, j'ai rencontré un homme qui rayonnait de foi, qui parlait avec passion de ce qui le faisait vivre : c'était leur aumônier. Je suis retournée à leurs réunions pour l'écouter. J'ai découvert ce qui animait ce groupe et leur aumônier : Jésus Christ et son Évangile. J'ai alors demandé le baptême, que j'ai préparé avec eux.

Après ma thèse de médecine, j'ai décidé de donner deux ans à l'Église et aux pauvres : je suis partie en Afrique dans un hôpital de brousse tenu par des missionnaires. C'est là que j'ai fait la connaissance de Jean, que j'ai épousé à mon retour en France. Ensemble, nous partageons le goût de la foi et celui de la communauté chrétienne. Nous avons décidé de retourner en Afrique, où il y avait un besoin urgent de médecins, alors que la France n'en manque pas. J'ai accroché ma plaque à Lomé au Togo. »

Élisabeth

Quand j'ai pensé au baptême, j'en ai parlé à mes parents qui m'ont ri au nez. J'en ai parlé à mes copains qui m'ont dit : « Pas de problèmes ! Tu viens avec nous au caté. »

Corinne, 13 ans, aujourd'hui baptisée

En parcourant les villes et les villages

CEUX QUI ONT ACCUEILLI LA PAROLE DE JÉSUS

de Palestine, Jésus a fait de nombreuses rencontres.

À la suite de Jésus

La femme de Samarie

La femme, laissant là sa cruche, revint à la ville et dit aux gens : « Venez voir un homme qui m'a dit tout ce que j'ai fait. Ne serait-il pas le Messie ? » Beaucoup de Samaritains de cette ville crurent en Jésus, [...] ils l'invitèrent à demeurer chez eux. Il y resta deux jours.

Jean 4, 28-29, 39-40.

Zachée, le collecteur d'impôts de Jéricho, accueille Jésus dans sa maison

Mais Zachée, s'avançant, dit au Seigneur : « Voilà Seigneur : je fais don aux pauvres de la moitié de mes biens, et si j'ai fait du tort à quelqu'un, je vais lui rendre quatre fois plus. » Alors Jésus dit à son sujet : « Aujourd'hui, le salut est arrivé pour cette maison, car lui aussi est un fils d'Abraham. »

Luc 19, 8-9.

Marthe et Marie

Alors qu'il était en route avec ses disciples, Jésus entra dans un village. Une femme appelée Marthe le reçut dans sa maison. Elle avait une sœur nommée Marie qui, se tenant assise aux pieds du Seigneur, écoutait sa Parole. Marthe était accaparée par les multiples occupations du service. Elle intervint et dit : « Seigneur, cela ne te fait rien ? Ma sœur me laisse seule à faire le service. Dis-lui donc de m'aider. » Le Seigneur lui répondit : « Marthe, Marthe, tu t'inquiètes et tu t'agites pour bien des choses. Une seule est nécessaire. Marie a choisi la meilleure part : elle ne lui sera pas enlevée. »

Luc 10, 38-42.

La vie des hommes et des femmes qui ont écouté et accueilli Jésus a changé. Après son départ, ils ont continué à témoigner de cette rencontre en vivant selon l'Évangile.

CEUX QUI ONT TROUVÉ CETTE PAROLE TROP DIFFICILE

Suivre Jésus n'est pas facile

Des paroles trop difficiles

Beaucoup de disciples, qui avaient entendu, s'écrièrent : « Ce qu'il dit là est intolérable, on ne peut pas continuer à l'écouter ! »
À partir de ce moment, beaucoup de ses disciples s'en allèrent et cessèrent de marcher avec lui. Alors Jésus dit aux Douze : « Voulez-vous partir, vous aussi ? »

Jean 6, 60 ; 66-67

LE JEUNE HOMME RICHE

Quelqu'un s'approcha de Jésus et lui dit : « Maître, que dois-je faire de bon pour avoir la vie éternelle ? » Jésus lui dit : « [...] Si tu veux entrer dans la vie, observe les commandements. – Lesquels ? » lui dit-il. Jésus reprit : « Tu ne commettras pas de meurtre. Tu ne commettras pas d'adultère. Tu ne commettras pas de vol. Tu ne porteras pas de faux témoignage. Honore ton père et ta mère. Et aussi : Tu aimeras ton prochain comme toi-même. » Le jeune homme lui dit : « Tout cela, je l'ai observé : que me manque-t-il encore ? » Jésus lui répondit : « Si tu veux être parfait, va, vends ce que tu possèdes, donne-le aux pauvres, et tu auras un trésor dans les cieux. Puis viens, suis-moi. » À ces mots, le jeune homme s'en alla tout triste, car il avait de grands biens.

Matthieu 19, 16-22

Certains, effrayés par des paroles dures à entendre, cessent de faire route avec lui. Jésus n'oblige personne à le suivre. Il laisse chacun libre de choisir.

CEUX QUI ONT MARCHÉ AVEC LUI

Les évangiles parlent des disciples de Jésus.
Ce sont les hommes et les femmes qui se mettent à sa suite.
Ils sont collecteurs d'impôts, douaniers ou pêcheurs.

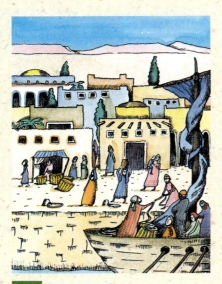

Le Seigneur en désigna encore soixante-douze, et il les envoya deux par deux devant lui dans toutes les villes et localités où lui-même devait aller.

Luc 10, 1

Il y avait là plusieurs femmes qui regardaient à distance : elles avaient suivi Jésus depuis la Galilée pour le servir. Parmi elles se trouvaient Marie Madeleine, Marie, mère de Jacques et de Joseph, et la mère des fils de Zébédée.

Matthieu 27, 55-56

Marc 2, 14

Jésus dit à Matthieu :
« Suis-moi. »
Il se leva et le suivit.

Les disciples se déplacent avec lui.
Ils l'écoutent parler de son Père,
du Royaume. Ils voient Jésus
vivre ce qu'il dit : il accueille
les riches et les pauvres,
mange avec les pécheurs,
guérit les malades.

Disciple...
Voir *Ta Parole est un Trésor*, page 495.

Parmi les disciples, Jésus en choisit douze auxquels il donne le nom d'apôtres, ce qui signifie envoyés.

CEUX QUE JÉSUS A CHOISIS

Les apôtres sont les convives de la Cène et témoins de la Résurrection. Jésus leur confirme, avant de monter au ciel, qu'ils sont envoyés annoncer l'Evangile à toutes les nations. Ils sont à l'origine de la fondation de l'Eglise.

Matthias remplace Judas

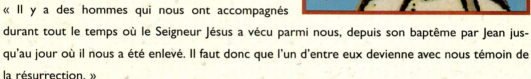

Après la trahison et la mort de Judas, il faut retrouver un douzième homme (douze, comme les 12 tribus d'Israël).

« Il y a des hommes qui nous ont accompagnés durant tout le temps où le Seigneur Jésus a vécu parmi nous, depuis son baptême par Jean jusqu'au jour où il nous a été enlevé. Il faut donc que l'un d'entre eux devienne avec nous témoin de la résurrection. »

Actes 1, 21-22

Paul, un apôtre

Paul n'a pas marché avec Jésus sur les routes. Il n'a pas appartenu au groupe des Douze. La force de l'appel reçu sur la route de Damas fait de lui un apôtre. Pour lui, suivre le Christ est une réalité si forte qu'il dit : « Ce n'est plus moi qui vis, c'est le Christ qui vit en moi. » (Ga 2, 20.)
Il tient une grande place dans l'Église naissante et fonde de nombreuses communautés chrétiennes en Asie Mineure et en Grèce.

Luc 6, 12-13

En ces jours-là, Jésus s'en alla dans la montagne pour prier, et il passa la nuit à prier Dieu. Le jour venu, il appela ses disciples, en choisit douze, et leur donna le nom d'Apôtres.

Apôtre...
Voir *Ta Parole est un Trésor*, page 480.

DEPUIS 2000 ANS

Saint Irénée
(v. 130 – v. 208)

Saint Martin de Tours
(315-397)

> « Celui qui demeure en moi et en qui je demeure, celui-là donne beaucoup de fruit car, en dehors de moi, vous ne pouvez rien faire. »
>
> Jean 15, 5

Ils étaient fidèles à écouter l'enseignement des Apôtres et à vivre en communion fraternelle, à rompre le pain et à participer aux prières.
Tous ceux qui étaient devenus croyants vivaient ensemble, et ils mettaient tout en commun.

Actes 2, 42 et 44

Si le Christ nous a libérés, c'est pour que nous soyons vraiment libres. Alors tenez bon, et ne reprenez pas les chaînes de votre ancien esclavage.
Mais voici ce que produit l'Esprit : amour, joie, paix, patience, bonté, bienveillance, foi, humilité et maîtrise de soi. […]
Puisque l'Esprit nous fait vivre, laissons-nous conduire par l'Esprit.

Galates 5, 1, 22-23, 25

L'amour

L'amour prend patience ; l'amour rend service ; l'amour ne jalouse pas ; il ne se vante pas, ne se gonfle pas d'orgueil ; il ne fait rien de malhonnête ; il ne cherche pas son intérêt ; il ne s'emporte pas ; il n'entretient pas de rancune ; il ne se réjouit pas de ce qui est mal, mais il trouve sa joie dans ce qui est vrai ; il supporte tout, il fait confiance en tout, il espère tout, il endure tout. L'amour ne passera jamais.

I Corinthiens 13, 4-8

Au souffle de l'Esprit

Saint Bernard de Clairvaux
(1090-1153)

Sainte Catherine de Sienne
(1347-1380)

Saint Vincent de Paul
(1581-1660)

Bienheureuse
Anne Marie Javouhey
(1779-1851)

„ Moi je suis venu pour que les hommes aient la vie, pour qu'ils l'aient en abondance. "

Jean 10, 10

Jésus passa la nuit à prier Dieu

LUC 6, 12

- Prendre le temps de s'arrêter pour contempler la nature.
- Se réjouir de voir quelqu'un faire du bien, du beau.
- Prier en silence pour être avec le Seigneur comme avec un ami.
- Relire un passage d'évangile.
- Rejoindre d'autres chrétiens à l'aumônerie ou à la paroisse pour célébrer le Seigneur.

Les contemplatifs ont entendu l'appel de Jésus : « Venez à l'écart. » À la suite de Benoît, Bruno, Bernard, François d'Assise et Claire, Thérèse d'Avila et Jean de la Croix, François de Sales, Jeanne de Chantal…, ils se sont retirés à l'écart :
– pour chercher Dieu dans le silence, la solitude et la prière ;
– pour écouter la Parole de Dieu et la faire fructifier ;
– pour témoigner de la vie de Dieu au cœur de l'Église et du monde.

Les offices liturgiques et le chant des psaumes rythment les différentes heures de la journée monastique. Par leurs prières, les contemplatifs portent la vie de tous les hommes : leurs joies, leurs détresses, leurs attentes…

Chaque moine ou moniale a répondu un jour à l'appel de Jésus : « Viens et suis-moi. » C'est Lui qui les rassemble en communauté dans la richesse de leurs différences. C'est Lui qui les réunit chaque jour pour l'Eucharistie. C'est autour de Lui qu'ils mettent en commun la prière, le travail, les joies, les peines, la louange et tout ce qui fait la vie d'une « grande famille ».

Véronique *du Bénin*

Véronique est une femme africaine. Mère de cinq enfants, elle n'a jamais accepté la misère de son pays. Très tôt, elle a connu la dureté du travail des champs ; la fatigue des longues marches pour aller chercher de l'eau. Mais plus que cela encore, elle ressentait la situation pénible de la femme dans cet immense continent africain. Alors, elle est devenue animatrice en milieu rural pour apprendre aux autres femmes à s'organiser et à travailler ensemble.

Pour faire face à la pauvreté du sol de son pays et aux difficultés rencontrées pour y faire pousser la nourriture, elle a pris le risque de partir trois ans en Europe pour se former, poser des questions et rencontrer des spécialistes de l'agriculture. Elle s'y est fait des amis.

Revenue chez elle, Véronique s'est sentie plus forte. Soutenue par des amis africains et européens appartenant à une organisation internationale, Véronique a fait faire un pas de géant à son pays. Avec un tracteur et des remorques, après avoir embauché des jeunes sans travail, cette femme pleine d'énergie a commencé à ramasser les ordures de la capitale.

Sur un grand terrain de plusieurs hectares, elle a appris à ses amis et aux jeunes à fabriquer un engrais à partir des ordures. Depuis quelques années, des plantes poussent là où il n'y avait que le désert.

Aujourd'hui, Véronique ouvre un centre de formation pour des jeunes d'autres pays d'Afrique.

Donner un coup de main à sa mère qui est débordée, à sa petite sœur qui a démoli son jouet, à son copain qui n'a rien compris au devoir de maths.

Rendre visite à sa voisine qui s'est cassé le col du fémur.

Participer à la course du Tiers-Monde en faveur des défavorisés.

Préparer la messe paroissiale du dimanche avec son équipe.

Accepter une responsabilité au service de tous dans son club, son collège, son mouvement.

les sacrements

« Et moi, je suis avec vous tous les jours jusqu'à la fin du monde. » *Matthieu 28, 20*

« Voyant leur foi, Jésus dit au paralysé : "Mon fils, tes péchés sont pardonnés". »
Marc 2, 5

« Allez donc ! De toutes les nations faites des disciples, baptisez-les au nom du Père, et du Fils, et du Saint-Esprit ; et apprenez-leur à garder tous les commandements que je vous ai donnés... »
Matthieu 28, 19-20

« À cause de cela, ils ne sont plus deux, mais un seul. Donc, ce que Dieu a uni, que l'homme ne le sépare pas ! »
Matthieu 19, 6

« Moi, je suis le pain vivant, qui est descendu du ciel : si quelqu'un mange de ce pain, il vivra éternellement. Le pain que je donnerai, c'est ma chair, donnée pour que le monde ait la vie. »

Jean 6, 51

« Et moi, je vais envoyer sur vous ce que mon Père a promis. »

Luc 24, 49

« Il les envoya proclamer le règne de Dieu et faire des guérisons. »

Luc 9, 2

Il prit du pain ; après avoir rendu grâce, il le rompit et le leur donna, en disant : « Ceci est mon corps, donné pour vous. Faites cela en mémoire de moi. »

Luc 22, 19

« Heureux ceux qui croient sans avoir vu. » *Jean 20, 29*

L'Ascension
Évangéliaire du moine Rabula (586)

N'AYEZ
É   V   A

Le sabbat terminé, Marie Madeleine, Marie, mère de Jacques, et Salomé achetèrent des parfums pour aller embaumer le corps de Jésus. De grand matin, le premier jour de la semaine, elles se rendent au sépulcre au lever du soleil. Elles se disaient entre elles : « Qui nous roulera la pierre pour dégager l'entrée du tombeau ? »

Au premier regard, elles s'aperçoivent qu'on a roulé la pierre, qui était

N'AYEZ PAS PEUR

pourtant très grande. En entrant dans le tombeau, elles virent, assis à droite, un jeune homme vêtu de blanc. Elles furent saisies de peur. Mais lui leur dit : « N'ayez pas peur ! Vous cherchez Jésus de Nazareth, le Crucifié ? Il est ressuscité : il n'est pas ici. Voici l'endroit où on l'avait déposé. Et maintenant, allez dire à ses disciples et à Pierre : "Il vous précède en Galilée. Là vous le verrez, comme il vous l'a dit." »

Marc 16, 1-7

Que l'Esprit habite en nous

Se laisser guider par Dieu

Père très bon,

notre cœur est plein de reconnaissance,

et nous voulons te dire notre joie

comme Jésus l'a fait avant nous.

Les hommes ne te connaissaient pas,

ils ne savaient pas dire ton nom ;

toi, tu leur as montré peu à peu ton visage.

Au temps marqué, tu nous a envoyé ton Fils :

par lui nous savons désormais

que tu es son Père et notre Père,

tout proche de nous, toi, le Tout-puissant.

Et pour que nous puissions mieux connaître ton amour,

pour que nous sachions te prier comme il faut,

Jésus nous envoie l'Esprit Saint qui vient de toi.

Maintenant que cet Esprit habite en nous,

avec foi nous te prions :

que l'Esprit fasse toutes choses nouvelles !

Rituel de la confirmation

Il y a des moments que je reçois comme des cadeaux de la part de Jésus. Dans ces moments, je me sens capable de faire le bien, j'éprouve une grande paix. L'Esprit de Jésus habite en moi, et je trouve alors les mots pour prier Dieu le Père. Je lui dis mon désir de vivre comme Jésus. L'Esprit de Jésus t'aidera, toi aussi, à donner un sens à ta vie. Accueille la prière qu'il fait naître en toi.

Pour cela, tu peux choisir une attitude où tu es à l'aise, libre. Veille à la position de ton corps, et particulièrement de tes mains.
Écoute ta respiration. La vie palpite en toi.
C'est comme si ton corps était baigné de soleil.
Exprime à haute voix ou dans le secret de ton cœur les mots qui te viennent. Reprends une des phrases que tu aimes ou un refrain.

Apprends-nous Seigneur à te choisir chaque jour,
à redire ton « oui » à chacun de nos actes.
Donne-nous de te suivre sans peur,
et fais de nous, devant tous,
les témoins de ce que nous avons vu, entendu,
de ce que nous croyons et vivons,
pour que tout homme avec nous
reconnaisse en toi l'unique Seigneur.

Prière du MEJ (Mouvement eucharistique des jeunes)

Seigneur Jésus
apprenez-nous à être généreux,
à vous servir comme vous le méritez,
à donner sans compter,
à travailler sans chercher le repos,
à nous dépenser sans attendre
d'autre récompense que celle de savoir
que nous faisons votre volonté.

Prière scoute

À tous les « puissants » donne l'esprit d'humilité.
À tous les « solidaires » donne l'esprit communautaire.
À tous les « radins » donne l'esprit de largesse.
À tous les « coincés » donne l'esprit d'ouverture.
À tous les « vieux » donne l'esprit de jeunesse.
À tous les « jeunes » donne l'esprit de sagesse.
À tous les « tordus » donne l'esprit de droiture.
À tous les « exclus » donne l'esprit d'intégration.
À tous les « paumés » donne l'esprit de discernement.
À tous les « pressés » donne l'esprit de patience.
À tous les « agités » donne l'esprit de quiétude.
À tous les « fanatiques » donne l'esprit de tolérance.
À tous les « mal-aimés » donne l'esprit d'amour.
Donne-moi ton Esprit.
Parfois je suis
« coincé, tordu, pressé, paumé,
vieux, radin, fanatique »…

Bernard Hubler

Esprit de Dieu, souffle de vie

Seigneur Jésus
tu nous appelles pour être tes disciples.
Tu ne nous demandes pas de tout quitter,
tu veux seulement que nous laissions
ce qui nous empêche d'écouter ta Parole,
de partager notre temps,
d'aider un voisin, de donner un sourire.
Sois notre guide pour reconnaître
un frère en tout homme.
Nous avons confiance en toi.

Sophie

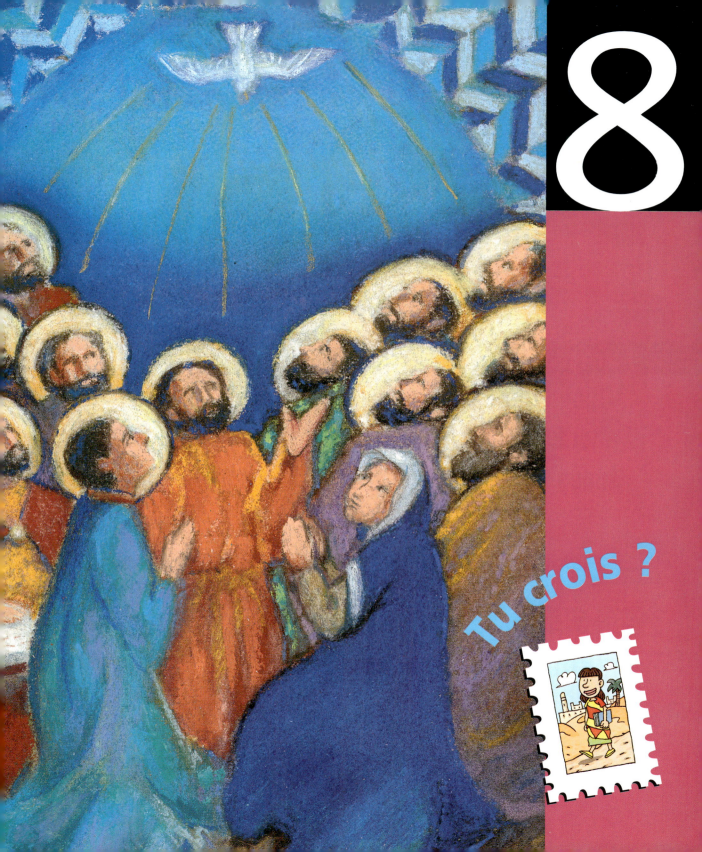

8

Tu crois ?

Pierre dit « Tu es le Messie,

L'aventure de la sixième se termine

Quand tu as commencé, tu ne savais pas bien pour quoi tu t'embarquais. Ensemble, avec toute l'équipe, nous avons maintenu notre cap, rencontrer Jésus. Cela n'a pas toujours été facile.
Nous nous sommes posé de nombreuses questions, nous avons fait beaucoup de découvertes.
Ce n'est pas fini, tu auras encore beaucoup de questions, tu feras sans cesse de nouvelles découvertes. Mais dès maintenant, tu peux rejoindre tous les croyants qui, depuis Abraham,

le Fils du Dieu vivant ! » Mt 16, 16

ont mis leur confiance en Dieu,
tous les chrétiens qui ont répondu « Je crois ».
Toi aussi, seul dans le secret de ton cœur,
ou avec d'autres, tu peux dire « Je crois ».
Ce mot n'est pas le mot de la fin. Nous allons
nous séparer, mais Jésus, lui, ne nous quitte pas.
Je crois qu'il marche à nos côtés. J'ai essayé
d'en témoigner auprès de toi, avec mes mots,
avec ma foi. D'autres vont prendre le relais.
Tu as encore plein de formidables découvertes à faire.

Je te fais confiance.

L'ONCLE MYSTÉRIEUX

Il arrivait dans la famille que de loin en loin on fasse allusion à l'oncle André. On savait qu'il était célibataire et qu'il parcourait le monde. Que faisait-il ? De quoi vivait-il ? On l'ignorait. Sa nièce n'avait pas réussi à le joindre lors de la mort de sa mère, c'était tout dire. Personne ne l'avait vu depuis vingt ans et l'on n'était même pas sûr de le reconnaître. Et voici qu'il annonçait sa visite. Dominique était impatiente de faire la connaissance de son grand-oncle. Ses parents n'étaient pas ravis. « Il vient pour l'héritage », disait sa mère.

« C'est peut-être un imposteur qui a pris sa place », disait son père.
L'oncle André arriva. Dominique fut rapidement conquise. Il avait tant de choses à raconter, et il disposait de tout son temps pour parler avec elle.
Sa mère garda ses distances et son père lui tendit plusieurs fois des pièges pour l'éprouver et s'assurer qu'il ne s'agissait pas d'un usurpateur.
Un beau soir, il prit rendez-vous chez le notaire. Il était bien venu pour l'héritage ! Quelques jours plus tard, il annonça son départ. Sur le pas de la porte, il dit à sa nièce qu'il avait tout arrangé, que l'héritage était pour elle, car il n'en avait pas besoin. Le notaire confirma la chose et leur apprit que l'oncle André était reparti vivre auprès d'un des peuples d'Amérique du Sud dont il étudiait la vie.
« Vous ne savez pas que c'est un des plus célèbres ethnologues du monde ? »
Dominique se dit qu'elle avait eu bien raison de faire confiance à l'oncle dès le début.
Et elle se mit à espérer son retour.

D'après *Agantuk (Le Visiteur)*, film de Satyajit Ray.

SOMMAIRE

Dossier

Risquer la confiance	190
L'aventure de la foi	192
Proclamer sa foi en Église	196
BD : Dieu n'est pas un distributeur	200
Chemin de croix d'Amérique latine	201

Évangile

« La foi du centurion »	202

Prière

Faire confiance à Dieu	204

Risquer la confiance

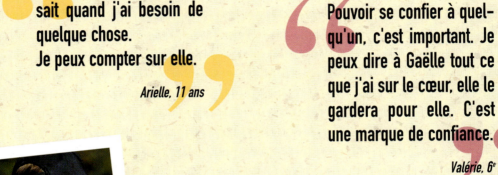

« Laure est mon amie. Elle sait quand j'ai besoin de quelque chose.
Je peux compter sur elle. »

Arielle, 11 ans

« Pouvoir se confier à quelqu'un, c'est important. Je peux dire à Gaëlle tout ce que j'ai sur le cœur, elle le gardera pour elle. C'est une marque de confiance. »

Valérie, 6ᵉ

« J'ai une grande amitié avec une personne âgée. Il nous suffit d'un sourire, d'un clin d'œil, d'une attitude et on se comprend car il y a entre nous une très grande confiance. »

Cyril, 6ᵉ

« Faire confiance à quelqu'un nécessite pour moi de bien le connaître, de le respecter, de l'accepter tel qu'il est et de vivre une grande complicité. »

Vincent, 12 ans

Se jeter à l'eau...

Imaginez que ce soit l'été. Vous êtes sur une petite plage au bord de la mer. Vous allez vous baigner. Prudemment, vous avancez un pied pour tâter l'eau. Brr ! Qu'elle est froide ! Vous vous sentez le courage d'aller jusqu'au mollet, mais pas au-delà ! Pourtant, les autres, qui sont déjà à l'eau, vous crient : « Allez, vas-y ! elle est délicieuse ! »

Oui, tant que vous restez au bord, à faire jaillir de la main quelques éclaboussures, l'eau vous paraît glaciale. Pour découvrir qu'elle est en réalité douce et bonne, presque tiède, il faut vous y jeter pour de bon. Alors, elle vous porte merveilleusement et vous y êtes bien.

De même, tant que vous restez au bord de l'Évangile à le tâter, à vous en asperger de quelques gouttes. Pour savoir qu'en réalité il est merveilleux et qu'il vous porte, il faut vous y jeter complètement !

Voilà pourquoi cette rencontre avec Jésus qu'est la foi ne peut pas être une rencontre à moitié. Il faut vous y jeter entièrement !

Il ne s'agit pas de prendre quelques gouttes.

Il ne s'agit même pas de se saisir du Christ : il s'agit d'être « saisi par lui ».

ABRAHAM, LE PÈRE DES CROYANTS

"Le Seigneur dit à Abram : « Pars de ton pays, laisse ta famille et la maison de ton père, va dans le pays que je te montrerai. Je ferai de toi une grande nation, je te bénirai, je rendrai grand ton nom, et tu deviendras une bénédiction. Je bénirai ceux qui te béniront, je maudirai celui qui te méprisera. En toi seront bénies toutes les familles de la terre. »
Abram partit, comme le Seigneur le lui avait dit, et Loth partit avec lui. Abram avait soixante-quinze ans lorsqu'il sortit de Harrane. Il prit sa femme Saraï, son neveu Loth, tous leurs biens, et les serviteurs qu'ils avaient acquis à Harrane ; ils se mirent en route pour Canaan et ils arrivèrent dans ce pays."

Genèse 12, 1-5

Abram découvre peu à peu qu'un Autre marche avec lui : Dieu se fait connaître à lui. Dieu lui promet qu'il sera « père d'un grand peuple » et lui donne le nom d'Abraham.
Abraham fait confiance. Il peut compter ferme sur cet ami extraordinaire car il reconnaît tous les jours dans sa vie que Dieu est fidèle.
Le croyant est celui qui, comme Abraham, fait confiance à Dieu, le Dieu unique. Il écoute ce que Dieu dit ; il bâtit sa vie sur sa Parole. Il se fie à lui. Il a foi en Dieu. Ceux et celles qui reconnaissent qu'Abraham est « le père des croyants » sont très nombreux ; ce sont les juifs, les chrétiens, les musulmans.
Nous, chrétiens, nous croyons que Dieu a envoyé son Fils Jésus pour sauver tous les hommes. Jésus accomplit la promesse faite à Abraham.

Hébreux 11, 8

Grâce à la foi, Abraham obéit à l'appel de Dieu : il partit vers un pays qui devait lui être donné comme héritage. Et il partit sans savoir où il allait.

L'aventure de la foi

LA FOI DES DISCIPLES DE JÉSUS

La foi naît à la rencontre de quelqu'un de vivant : Dieu. On ne fabrique pas la foi, elle est un don de Dieu

Nous, nous croyons Jésus vivant aujourd'hui parce que nous faisons confiance à l'Église qui a reçu l'Esprit le jour de la Pentecôte ; elle annonce à travers les siècles tout ce que Dieu lui a fait connaître. Nous sommes des croyants. Nous croyons sans voir, mais, avec la force de l'Esprit Saint, notre intelligence et notre cœur s'appuient sur la Parole de Dieu et sur les signes que Dieu nous a donnés. Quand la communauté des croyants est vivante, c'est le signe le plus fort qui nous montre que Jésus est vivant aujourd'hui.

Jésus était venu dans la région de Césarée-de-Philippe, et il demandait à ses disciples : « Le Fils de l'Homme, qui est-il, d'après ce que disent les hommes ? » Ils répondirent : « Pour les uns, il est Jean Baptiste ; pour d'autres, Élie ; pour d'autres encore, Jérémie ou l'un des prophètes. » Jésus leur dit : « Et vous, que dites-vous ? Pour vous, qui suis-je ? » Prenant la parole, Simon-Pierre déclara : « Tu es le Messie, le Fils du Dieu vivant ! »

Matthieu 16, 13-20

Des professions de foi dans le Nouveau Testament

Marie :
« Voici la servante du Seigneur ; que tout se passe pour moi selon ta parole. »
(Luc 1, 38)

Jean Baptiste :
« Voici l'Agneau de Dieu. »
(Jean 1, 36)

Pierre :
« Tu es le Messie, le Fils du Dieu vivant ! »
(Matthieu 16, 16)

Thomas :
« Mon Seigneur et mon Dieu ! »
(Jean 20, 28)

Un père de famille :
« Je crois, Seigneur ! Mais viens en aide à mon peu de foi. »
(Marc 9, 24)

Le centurion qui a vu mourir Jésus :
« Vraiment, cet homme était le Fils de Dieu ! »
(Marc 15, 39)

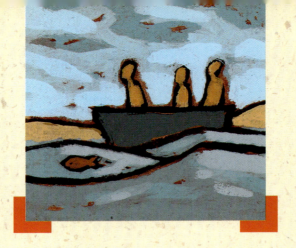

Un jour, Jésus marcha sur l'eau du lac afin de rejoindre ses disciples qui étaient dans une barque.

En le voyant marcher sur la mer, les disciples furent bouleversés. Ils disaient : « C'est un fantôme », et la peur leur fit pousser des cris. [...]

Pierre descendit de la barque et marcha sur les eaux pour aller vers Jésus. Mais, voyant qu'il y avait du vent, il eut peur ; et, comme il commençait à enfoncer, il cria : « Seigneur, sauve-moi ! » Aussitôt Jésus étendit la main, le saisit et lui dit : « Homme de peu de foi, pourquoi as-tu douté ? » Et quand ils furent montés dans la barque, le vent tomba. Alors ceux qui étaient dans la barque se prosternèrent devant lui, et ils lui dirent : « Vraiment, tu es le Fils de Dieu ! »

Matthieu, 14, 26, 29-33

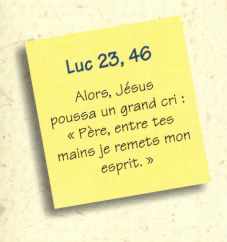

Luc 23, 46

Alors, Jésus poussa un grand cri : « Père, entre tes mains je remets mon esprit. »

LA FOI DES CHRÉTIENS

Aujourd'hui, la foi est toujours une histoire de confiance

Saint Jean écrit dans sa première épître (1, 1-3) : « Ce que nous (les apôtres) avons entendu, ce que nous avons contemplé de nos yeux..., ce que nos mains ont touché, c'est le Verbe, la parole de la Vie. Oui, la vie s'est manifestée, nous l'avons contemplée, et nous portons témoignage : nous vous annonçons cette vie éternelle qui était auprès du Père [...] nous vous l'annonçons à vous aussi pour que, vous aussi, vous soyez en communion avec nous (les chrétiens). » Les apôtres et les disciples de Jésus ont tous été ses premiers témoins. Certains comme Pierre et Paul, ont été des martyrs, parce qu'ils ont témoigné jusqu'à la mort que Jésus le Christ est vivant. Ils ne se sont pas laissé arrêter par les difficultés ou les persécutions. Saint Étienne donna sa vie le premier en affirmant que Jésus de Nazareth est

Mère Teresa a été témoin toute sa vie de l'amour de Jésus. Elle est morte très vieille et très aimée. Elle n'est pas une martyre mais elle a été un vrai témoin.

maintenant vivant avec Dieu. (Actes des Apôtres, chap. 6 et 8). L'Esprit de Dieu lui donna la force de témoigner, c'est-à-dire de faire connaître l'histoire de Jésus, mais surtout de reconnaître en lui le Messie, le Fils de Dieu.

Aujourd'hui encore, dans bien des pays, des chrétiens sont martyrs. Ils donnent leur vie à cause de leur foi en Jésus Christ. Nous ne serons pas tous martyrs mais Jésus nous demande toujours d'être ses témoins.

Martyr...
Voir *Ta Parole est un Trésor*, page 524.

Profession de foi d'un groupe de sixième

Je dormais et je rêvais
que la vie était bleue et rose, aux couleurs de l'enfance.
Je m'éveillais et je vis
qu'elle était assombrie par la violence et la jalousie.
Je décidais de faire fleurir la tendresse et la douceur
que d'autres avaient su me donner.

Je dormais et je rêvais
que tout se faisait par magie.
Je m'éveillais et je vis
que toute chose avait un prix.
Je grandis et je compris
que des responsabilités étaient à prendre
et qu'il importait que je me bouge.

Je dormais et je rêvais
que la vie était harmonie.
Je m'éveillais et ne vis
que peine et déchirure.
Je me sentis bien démunie,
mais capable de bonne humeur et de franchise
pour repriser autour de moi le tissu de la vie.

Je dormais et je rêvais
que la vie était partage et solidarité.
Je m'éveillais et je vis
que beaucoup souffraient.
Mon cœur me souffla de servir et de consoler.
Et j'éprouvais que c'était là un grand bonheur.

Je dormais et je rêvais
que la foi était un chemin facile.
Je m'éveillais et je vis
que croire était difficile.
Tant de questions pour si peu de réponses !
Mais je sais que cela vaut le coup
puisque tant d'autres ont pris ce chemin avant moi.

Nous dormions et nous rêvions
que nous faisions de grandes choses.
Nous nous sommes éveillés et nous avons vu
que nous nous contentions de peu.
Nous avons appris ensemble
que la brindille ne peut pas brûler toute seule,
mais que le fagot fait un beau feu.

Proclamer sa foi en Eglise

Dieu ne nous juge pas, il nous aime comme nous sommes.

Julie, 6ᵉ

Dieu est un ami sur qui on peut compter et à qui on peut se confier.

Fabrice, 11 ans

Je crois, c'est facile à dire mais difficile à expliquer parfois. Je ne sais pas encore pourquoi je vis, et Dieu je ne le connais pas très bien. Pourtant, je sais que croire c'est prier, aider les autres, chercher à grandir dans la foi.

Justine, 12 ans

Je suis chrétienne et ça me plaît

On avait formé une bande de copains sur la plage, au hasard des baignades et du volley. Le soir, on se rassemblait sous les pins pour discuter de tout et de rien, bien contents d'avoir trouvé des garçons et des filles de notre âge pour nous changer des parents.

Un beau jour, la religion est venue sur le tapis, quelqu'un a commencé à dire du mal des chrétiens et de l'Église, et on y est tous allé de notre critique.

J'étais mal à l'aise. J'y ai repensé dans ma prière du soir et le dimanche j'ai communié en demandant un peu de courage au Seigneur.

Quelques jours plus tard, rebelote sur la religion.

— Vous savez, je ne suis pas d'accord avec ce qu'on dit, ni avec ce qu'on a dit l'autre soir. Moi, je suis chrétienne et ça me plaît.

Je m'étonnais d'avoir dit tout cela à la file. Il y eut un silence, et on entendit la petite voix de Sylvie.

— Je suis d'accord avec Nathalie. Moi aussi je suis croyante.

Prends ta place, ose une parole pour dire la foi.

Au baptême et aussi chaque année à Pâques

Le prêtre : « Pour vivre dans la liberté des enfants de Dieu, rejetez-vous le péché ? »

L'assemblée : *« Oui, je le rejette. »*

Le prêtre : « Pour échapper au pouvoir du péché, rejetez-vous ce qui conduit au mal ? »

L'assemblée : *« Oui, je le rejette. »*

Le prêtre : « Croyez-vous en Dieu le Père tout-puissant, créateur du ciel et de la terre ? »

L'assemblée : *« Je crois. »*

Le prêtre : « Croyez-vous en Jésus Christ, son Fils unique, notre Seigneur, qui est né de la Vierge Marie, a souffert la passion, a été enseveli, est ressuscité d'entre les morts, et qui est assis à la droite du Père ? »

L'assemblée : *« Je crois. »*

Le prêtre : « Croyez-vous en l'Esprit Saint, à la sainte Église catholique, à la communion des saints, au pardon des péchés, à la résurrection de la chair et à la vie éternelle ? »

L'assemblée : *« Je crois. »*

CHAQUE DIMANCHE À LA MESSE

Je crois en Dieu, le Père tout-puissant,
créateur du ciel et de la terre.
Et en Jésus Christ, son Fils unique,
notre Seigneur,
qui a été conçu du Saint-Esprit,
est né de la Vierge Marie,
a souffert sous Ponce Pilate,
a été crucifié, est mort et a été enseveli,
est descendu aux enfers,
le troisième jour est ressuscité des morts,
est monté aux cieux,
est assis à la droite de Dieu, le Père tout-puissant,
d'où il viendra juger les vivants et les morts.
Je crois en l'Esprit Saint,
à la sainte Église catholique,
à la communion des saints,
à la rémission des péchés,
à la résurrection de la chair,
à la vie éternelle.
Amen

Pendant une célébration de la confirmation

Le prêtre : « Sur le chemin de la vie, vous pouvez mettre votre confiance en Dieu le Père, en Jésus, son Fils, et dans l'Esprit Saint. Votre foi, je vous invite à la proclamer devant tous. »

« Dieu est notre Père et le Père de tous les hommes. Parce qu'il nous aime, il nous donne la vie et nous confie l'univers.
Croyez-vous en Dieu le Père ? »
« Nous croyons. »

Le prêtre : « Jésus est l'envoyé du Père pour être notre guide et notre sauveur. Il a vécu parmi nous. Par sa mort, il a détruit notre mort ; par sa résurrection, il a fait triompher la vie.
Croyez-vous en Jésus, le Fils du Père ? »
« Nous croyons. »

Le prêtre : « L'Esprit Saint nous est donné par le Père et le Fils. Il nous rassemble en Église pour servir nos frères, être les témoins de Jésus, et célébrer les louanges du Père.
Croyez-vous en l'Esprit de Jésus qui nous guide vers le Père ? »
« Nous croyons. »

DIEU N'EST PAS UN DISTRIBUTEUR

*Un ciel nouveau, une terre nouvelle :
Chemin de croix d'Amérique latine*

Adolfo Pérez Esquivel

LA FOI DU
ÉVAN

Lorsque Jésus eut achevé de faire entendre au peuple toutes ses paroles, il entra dans Capharnaüm. Un centurion de l'armée romaine avait un esclave auquel il tenait beaucoup ; celui-ci était malade, sur le point de mourir. Le centurion avait entendu parler de Jésus ; alors il lui envoya quelques notables juifs pour le prier de venir sauver son esclave. Arrivés près de Jésus, ceux-ci le suppliaient : « Il mérite que tu lui accordes cette guérison. Il aime notre nation : c'est lui qui nous a construit la synagogue. » Jésus était en route avec eux, et déjà il n'était plus loin de la maison, quand le centurion lui fit dire par des amis : « Seigneur, ne

CENTURION
ÉVANGILE

prends pas cette peine, car je ne suis pas digne que tu entres sous mon toit. Moi-même, je ne me suis pas senti le droit de venir te trouver. Mais dis seulement un mot, et mon serviteur sera guéri. Moi qui suis un subalterne, j'ai des soldats sous mes ordres ; à l'un, je dis : "Va", et il va ; à l'autre : "Viens", et il vient ; et à mon esclave : "Fais ceci", et il le fait. »

Entendant cela, Jésus fut dans l'admiration. Il se tourna vers la foule qui le suivait : « Je vous le dis, même en Israël, je n'ai pas trouvé une telle foi ! »

De retour à la maison, les envoyés trouvèrent l'esclave en bonne santé.

Luc 7, 1-10

Faire confiance à Dieu

Dieu est un guide parfait

Dieu est un guide parfait.
Les avis qu'il donne sont sûrs.
Il est comme un bouclier
Pour ceux qui ont recours à lui.
Un seul Dieu : c'est le Seigneur !
C'est lui qui me donne la force d'agir
Qui fait réussir ce que j'entreprends.
C'est lui qui m'entraîne au combat.

Comme un bouclier,
Tu me protèges, tu me sauves.
Ta main droite me soutient, Seigneur.
Tu réponds à mes appels et me rends fort.

D'après le psaume 17

Je crois que seule la confiance me permet d'avancer. Malgré mes doutes, je compte sur Jésus, mon ami, qui a vécu avec les hommes, qui est mort par amour pour moi, que Dieu a ressuscité. Il ne me déçoit jamais, même si je ne réponds pas toujours à son attente.

Toi aussi, tu peux faire confiance, compter sur Jésus vivant. C'est la foi que proclame toute l'Église au cours de chaque célébration eucharistique. Pour cela laisse parler l'Esprit en toi, exprime, avec tes mots, qui est Jésus pour toi. Faire une profession de foi, c'est oser dire devant tous comment Dieu est présent dans ta vie.

Credo d'une aumônerie

Seigneur, tu es le Fils de Dieu,
La lumière qui guide nos pas sur le chemin de la foi,
Comme un berger guide ses brebis.
Aujourd'hui, nous nous sentons très proches de toi.
Nous te donnons notre confiance.
Tu nous envoies ton Esprit
Pour que nous respections les gens,
le monde, la nature.
Tu fais régner le Bonheur et la Vie.
Tu veilles sur nous.
Grâce à toi, nous pouvons vivre en paix.
Tu nous aimes tous,
même ceux qui ne veulent pas te suivre.
Nous croyons en ton âme, en ton Esprit,
notre Seigneur, notre Dieu.

*Comment le monde
pourrait-il recevoir la Bonne Nouvelle
de la tendresse de Dieu,
s'il n'y a personne pour ouvrir les bras
à ceux et à celles qui sont blessés
et fatigués par les malheurs de la vie ?*

*Comment le monde
pourrait-il s'émerveiller devant le Seigneur Dieu
s'il n'y a personne pour accomplir des merveilles
d'amour et de paix et de partage
au nom du Seigneur ?*

*Comment le monde
pourrait-il entendre la Bonne Nouvelle
du pardon de Dieu,
s'il n'y a personne pour oublier la haine
et tendre les mains
par-dessus la rancune ?*

*Nous voici, Seigneur,
nous venons pour annoncer ta Bonne Nouvelle.
Nous voici, de nous fais tes apôtres !*

Albert Hari - Charles Singer

Tables

des citations bibliques

des illustrations

des photographies

et des textes

Table des citations bibliques

Référence	Page
Genèse 12, 1-5	page 192
Exode 3, 1-15	pages 22-23
Exode 14, 8-14, 19-31 ; 15, 1-2	pages 140-141
Lévitique 26, 12	page 62
Deutéronome 4, 32-40	page 49
Deutéronome 6, 4-9	page 48
Premier livre des Chroniques 22, 19	page 23
Job 19, 23-26	page 45
Second livre des Martyrs 7, 28	page 39
Isaïe 11, 1-2	page 62
Isaïe 11, 6-10	page 65
Isaïe 52, 7	page 62
Isaïe 55, 10-11	page 121
Jérémie 31, 31 et 33	page 62
Ézéchiel 3, 1-4	page 119
Amos 5, 4	page 22
Nahoum 1, 7	page 22
Psaume 8	page 43
Psaume 33, 5	page 22
Psaume 50	page 158
Psaume 85, 1-8	page 54
Psaume 104, 4-5	page 23
Psaume 138, 1	page 23
Psaume 138	page 29
Matthieu 1, 1	page 116
Matthieu 1, 1-17	pages 102-103
Matthieu 3, 13-17	page 97
Matthieu 5, 9	page 121
Matthieu 5, 14	page 120
Matthieu 5, 37	page 120
Matthieu 6, 6	page 120
Matthieu 7, 3	page 120
Matthieu 12, 50	page 97
Matthieu 13, 1-3, 10-13, 16	pages 66-67
Matthieu 13, 3-9	pages 126-127
Matthieu 13, 31-32	page 64
Matthieu 13, 44	page 66
Matthieu 13, 45-46	page 67
Matthieu 14, 26, 29-33	page 194
Matthieu 16, 13-20	page 193
Matthieu 16, 16	page 186-187 et 193
Matthieu 19, 6	page 176
Matthieu 19, 16-22	page 169
Matthieu 21, 8-9	page 122
Matthieu 21, 10	pages 80-81
Matthieu 27, 55-56	page 170
Matthieu 28, 7	page 143
Matthieu 28, 19-20	page 117 et 176
Matthieu 28, 20	page 176
Marc 1, 1	page 116
Marc 1, 15	page 63
Marc 2, 5	page 176
Marc 2, 14	page 170
Marc 2, 17	page 146
Marc 9, 7	page 99
Marc 9, 24	page 193
Marc 9, 50	page 120
Marc 11, 8-10	page 122
Marc 15, 21-41	page 154-157
Marc 15, 39	page 193
Marc 16, 1-7	page 180-181
Marc 16, 6	page 143
Marc 16, 19-20	page 117
Luc 1, 1-2	page 116

Luc 1, 38	page 193
Luc 2, 1-20	page 72-75
Luc 2, 10	page 58-59
Luc 2, 42-52	page 96
Luc 5, 23	page 120
Luc 6, 12	page 174
Luc 6, 12-13	page 171
Luc 6, 27	page 121
Luc 6, 36	page 120
Luc 7, 1-10	pages 202-203
Luc 7, 50	page 120
Luc 8, 40-42, 49-56	page 147
Luc 9, 2	page 177
Luc 10, 1	page 170
Luc 10, 21	page 97
Luc 10, 38-42	page 168
Luc 11, 28	page 121
Luc 12, 24	page 65
Luc 18, 35-43	page 146
Luc 19, 8-9	page 168
Luc 19, 36-40	page 123
Luc 22, 19	page 177
Luc 23, 46	page 194
Luc 24, 34	page 143
Luc 24, 49	page 177
Luc 24, 51-53	page 117
Jean 1, 1	page 116
Jean 1, 11	page 93
Jean 1, 19 - 28	pages 26-27
Jean 1, 26	pages 10-11
Jean 1, 35-39, 43-46	pages 52-53
Jean 1, 36	page 193
Jean 1, 39	page 32-33
Jean 3, 16-17	page 148
Jean 4, 28-29, 39-40	page 168
Jean 6, 51	page 177
Jean 6, 60, 66-67	page 169
Jean 8, 1-11	page 148
Jean 8, 12	page 121
Jean 10, 10	page 173

Jean 11, 41-42	page 106
Jean 12, 13	page 123
Jean 15, 5	page 172
Jean 15, 12	page 121
Jean 15, 16	pages 162-163
Jean 20, 28	pages 143 et 193
Jean 20, 29	page 177
Jean 20, 31	pages 108-109 et 186-187
Jean 21, 25	page 117
Actes des Apôtres 1, 21-22	page 171
Actes des Apôtres 2, 32-36	page 48
Actes des Apôtres 2, 42 et 44	page 172
Lettre aux Romains 7, 18-20	page 139
Lettre aux Romains 8, 29	page 97
Première lettre aux Corinthiens 13, 4-8	page 172
Première lettre aux Corinthiens 15, 1-6	page 116-117
Première lettre aux Corinthiens 15, 17-20	page 142
Deuxième lettre aux Corinthiens 5, 20	page 149
Deuxième lettre aux Corinthiens 6, 18	page 97
Lettre aux Galates 5, 1, 22-23, 25	page 172
Première lettre aux Thessaloniciens 4, 13-14	page 45
Première lettre à Timothée 2, 4	page 148
Lettre aux Hébreux 1, 1-2	page 49
Lettre aux Hébreux 11, 8	page 192
Première lettre de Jean 3, 16	page 148
Première lettre de Jean 4, 16	pages 132-133

Crédits photographiques

© Artephot. Page 48a : *Croix de Saint Damien*, église Saint-François d'Assise, ph. T. Schneiders.

© CCFD. Pages 173 : *Arbre de Vie*, Jacques Chéry ; 201 : *Chemin de croix d'Amérique Latine*, CCFD.

© Centre Georges Pompidou. Photothèque de la Documentation ; page 153 : Collections MNAM/CCI. © Adagp, Paris, 1998. Ph. P. Migeat.

© Ciel et Espace. Page 90.

© CIRIC. Pages 18a : ph. T. Nectoux ; 46, 197b ; ph. C. Simon ; 63b, 166, 197a-c-d-e : ph. M. Ponta ; 79, 92a-b-c-d, 98 : ph. B. Cavanagh ; 119a-b : ph. M. Ponta ; 150, 151b : ph. S. Lehr ; 167a, 167c : ph. A. Lepage ; 167d : ph. J.-M. Mazerolle ; 174 : ph. R. Martin ; 175 : ph. S. Sprague.

© Contact Press Image. Page 69 : ph. S. Salgado.

© G. Dagli Orti. Pages 31 et 98 : *Le Bon Berger*, Ravennes ; 38 : © Musée des Antiquités nationales, Saint-Germain-en-Laye ; 44 : Thèbes ; 101 : Autriche ; 85 : Jordanie ; 96 : Matese, Italie ; 97 : Carmel de Beaune ; 99 et 107 : Giotto, *Résurrection de Lazare*, Chapelle des Scrovegni, Padoue.

© Daniel Fouss. Page 45.

© Frères Maristes. Page 150c.

© Gamma. Pages 17b : ph. G. Saussier ; 91a : ph. G. Rancinan-A. Keler ; 91b : ph. Liaison ; 91c : ph. G. Merillon ; 98b : ph. L. Monier ; 99a : ph. A. Zamur ; 99b, 118 : ph. R. Benali ; 167b : ph. R. Job ; 195 : ph. Bartholomew/Liaison.

© Giraudon. Pages 25 : © Musée Marmottan-Claude Monet, Paris ; 48c : ph. Lauros. Bibliothèque Nationale de Jérusalem ; 63a : Georges La Tour, *Le Nouveau Né*, Ph. Alinari ; 57 et 98 : © Musée des Beaux-Arts de Rennes ; 87, 125 : ph. Lauros ; 99 et 131 : psautier d'Ingeburg de Danemark ; 99 et 161 : Philippe de Champaigne, *Les Disciples d'Emmaüs*, © Musée d'Angers, ph. Lauros ; 179 : ph. Alinari, 193 : Chartres.

© La Mission de l'Immaculée. Page 150c : 5, rue des petits fossés, Lourdes.

© Médiathèque de Moulins. Page 192 : *Bible de Souvigny*, Ms1.

© Musée de Grenoble : page 51.

© Musée Rigaud, Perpignan : *La Trinité*, page 142.

© Petit Format. Pages 14a-15a ; 190a : ph. T. Henstra ; 15e : ph. J. Da Cunha ; 17a : ph. A. Jorgensen ; 37 : ph. G. Monnot ; 98a : ph. A. Chaumat ; 118a, 190b : ph. Steinlein ; 151a, 197f : ph. A. Chaumat ; 190c : ph. P. Dubocq ; 190d : ph. Anaïs.

© Rémi Tournus. Pages 9 et 98 : *Christ en Gloire*, Sainte-Foy, Conques.

© RMN. Page 71 : Noël Coypel, *La Nativité*, ph. M. Bellot.

© Scala. Page 86 : P. Annigoni, *Saint Joseph*.

© Sunset. Pages 14b-15c : ph. Photobank USA ; 14c : ph. Picturesque ; 15b : ph. STF, 15d : ph. H. Reinhard ; 151c : ph. A. Williams.

Pages de couverture

Illustrations : Cadre : Stefany DEVAUX - Vague : Stefany DEVAUX
Ciel : Olivier LATYK - Enfants : Michel BOUCHER
Iconographie : *La Sainte Face*, Georges ROUAULT, 1933 : © Centre Georges Pompidou, Photothèque de la Documentation. © Adagp, Paris 1998. Ph. P. Migeat.
Vitrail, Cathédrale de Chartres : © Giraudon.

Crédits textes

ESCALE 1
p. 14 : Suzie Morgenstern, *La Sixième*. © L'École des loisirs, Collection Neuf.
p. 21 : Jostein Gaarder, *Le Monde de Sophie*.
© Le Seuil, 1995, pour la traduction française.

ESCALE 2
p. 35 : Jean Vernette, *Paraboles pour aujourd'hui*. © Droguet-Ardant.
p. 36 : Fédor Dostoïevski, *Les Frères Karamazov*, traduction Henri Mongault. Folio, n° 2655.
© Gallimard. – Edvard Munch « Jalousie » (détail) / Munch Museet, Oslo © Photo Musée.
p. 41 : Jostein Gaarder, *Le Mystère de la Patience*.
© Le Seuil, 1996, pour la traduction française.
p. 45 : Julos Beaucarne, *nuit du 2 au 3 février 1975*.

ESCALE 3
p. 68 : Victor Hugo, "Lorsque l'enfant paraît..." Les Orientales, *Feuilles d'automne*.
© Gallimard.
p. 76 : J. Eyquem, *Vers toi je lève les yeux*. D. R.

ESCALE 6
p. 135 : Jean Vernette, *Paraboles pour aujourd'hui*. © Droguet-Ardant.
p. 138 : J.-O. Héron, *Contes du septième Jour*.
© Le Cerf (pour la couverture). © Éditions du Gulfstream (pour le texte).
pp. 144-145 : *Fioretti* de saint François d'Assise. D. R.
p. 151 : Théophile Penndu, *Jésus sauveur*. Desclée de Brouwer.

ESCALE 7
p. 183 : Bernard Hubler. D. R.

ESCALE 8
p. 205 : A. Hari et C. Singer, *Rencontrer Jésus le Christ aujourd'hui*. D. R.

Table des illustrations

Dominique Beccaria : pages 19, 30, 139, 191.

Emmanuelle Berthet : page 170.

Thérèse Bonté : pages 10-11, 20, 45, 56, 58-59, 66-67b-c, 106, 108-109, 160, 162-163, 169a, 176-177, 196, 207.

Michel Boucher : pages 3, 29a, 32-33, 55a, 77b, 80-81, 85, 94-95, 97, 105a, 122-123, 129a, 132-133, 149, 159a, 168, 172-173, 183, 186-187, 205a, 206, 208, 209, 210, 211, 212, 213.

Stefany Devaux : pages 15, 28, 29b, 60, 69, 76, 82, 128, 129b, 140-141, 144-145, 169b, 182, 184.

Emmanuelle Favrat : pages 34, 39, 65b-c-d, 114-115.

Stéphanie Galloni d'Istria : pages 38, 46, 55b, 77c-d, 119, 164, 166, 205b.

Michel Herrmann : Pages 24, 100, 178.

Nicolas Julo : pages 84, 88-89.

Olivier Latyk : pages 22-23, 40, 42, 49a, 65a, 68, 78, 112a-c-e, 113a-c-e, 137, 171a, 188, 194.

Frédérick Mansot : pages 29c-d-e-f-g, 36, 37b, 54, 62-63, 64, 104, 105b, 116-117, 118, 130, 158, 171b, 198-199, 204.

Jean-Marc Mathis : pages 5, 7, 9, 13, 16, 31, 35, 57, 61, 79, 83, 107, 111, 112b-d, 113b-d, 131, 135, 161, 165, 185, 189.

Hugues Micol : pages 12, 13, 37a, 110, 136.

Laurent Parienty : pages 6, 26-27, 43, 49b, 52-53, 72-73, 74-75, 102-103, 126-127, 154-155, 156-157, 180-181, 202-203.

Anne Teuf : pages 50, 70, 124, 152, 200.

Hélène Théry : pages 120-121, 134, 159b.

Olivier Verdy : pages 66-67a, 77a, 146-147, 148.

Conception graphique et mise en page
Antilope

Conseil artistique et couverture
Céline Ambroselli

Édition
Caroline Paschal
Virginie Wicker

Fabrication
Claire Gourié

Photogravure : IGS Charente Photogravure
Impression et reliure : Partenaires-Livres®

"Loi n° 49-956 du 16 juillet 1949 sur les publications destinées à la jeunesse"
Dépôt légal : mai 2002
ISBN : 2-7105-0376-X
N° d'édition : 04041